Una dama desconocida

Carlos del Amor

Una dama desconocida

ESPASA

Espasa, sello editorial de Editorial Planeta, S.A.
Avda. Diagonal, 662-664
08034 Barcelona

Primera edición: febrero de 2025

Preimpresión: MT Color & Diseño, S. L.

Depósito legal: B. 1.262-2025
ISBN: 978-84-670-7267-9

Espasa, en su deseo de mejorar sus publicaciones, agradecerá cualquier sugerencia que los lectores hagan al departamento editorial por correo electrónico: sugerencias@espasa.es

www.espasa.com
www.planetadelibros.com

Impresión: Unigraf, S. L.
Impreso en España-*Printed in Spain*

PEFC Certificado
Este libro procede de bosques gestionados de forma sostenible
PEFC
PEFC/14-38-00305
www.pefc.es

A mi madre

«El arte tiene la bonita costumbre de echar a perder todas las teorías artísticas».

MARCEL DUCHAMP

1

Un mail inesperado

Estimado Carlos del Amor,

En primer lugar, muchas gracias por facilitarme su correo electrónico ante mi solicitud vía Facebook. Permíteme que te tutee.

Soy doctor en Historia del Arte por la Universidad de Barcelona. Te escribo en calidad de asistente/secretario de un conocido mío de avanzada edad que es coleccionista. La razón por la que te escribimos viene motivada por tus investigaciones y pesquisas en torno al género del retrato... o mejor dicho, en torno a un retrato concreto. Luego desarrollaré la idea, pero si las conjeturas de mi colega son ciertas, y como historiador puedo decirte que podrían serlo, estaríamos ante una obra capital de la historia del arte, de esas que aparecen cada cien o doscientos años. Y tu podrías ser el que la diera a conocer...

No es muy normal recibir un mail como el que tenía delante aquella tarde de finales de invierno; ahí parpadeaba, en mitad del caos que siempre es mi bandeja de entrada. Suelo encontrarme con mensajes de lo más variados, pero ninguno como ese que tenía escrito, justo debajo del remitente, «un retrato inédito de Velázquez».

En esa época, hacía algún tiempo que había publicado mi libro *Emocionarte*, y ultimando los detalles de su continuación, *Retratarte*, era frecuente que me escribieran personas anónimas contando alguna historia familiar relacionada con alguna obra. Recuerdo, por ejemplo, que en una presentación se me acercó un familiar de la olvidada pintora Aurelia Navarro para expresar su gratitud por haber aportado un pequeño grano de arena en la recuperación de su figura, y me entregó una carta pormenorizando detalles de la vida de su tía abuela. También eran frecuentes los contactos para darme a conocer algún cuadro de determinado artista que los herederos/conocidos del mismo creían susceptible de interés. Mensajes amables que ciertamente hacen que los libros vayan teniendo vida propia una vez pisan la calle y los lectores los hacen suyos. Pero ese correo era diferente. Sin duda el corresponsal sabía llamar la atención, poner en la misma frase «inédito» y «Velázquez» despierta, como poco, la curiosidad de quien lo recibe, más si es aficionado al arte o, como es el caso, un periodista cultural al que atraen mucho esos misterios o descubrimientos; no diría un sabueso o un Holmes, pero si algo he desarrollado, es un sexto sentido para discernir dónde puede haber un buen tema.

También existe la posibilidad de una sugestión previa, o una especie de encantamiento tras leer grandes noticias como la del descubrimiento del Caravaggio y su *Ecce Homo*, expuesto en el Museo del Prado y noticia de alcance mundial. Yo siempre he soñado con eso, no con tener un Caravaggio en el desván, ojalá, claro, yo he soñado sobre todo con conocer a alguien con una obra maestra en el altillo y poder escribirlo. Vivo de contar cosas, de buscar historias y de intentar transmitirlas. El objetivo, muchas veces, es lograr contagiar a una tercera persona el entusiasmo por algo.

***

Al abrir el correo me golpeó —no sé si golpear es el verbo adecuado, pero es la sensación que tuve—, sin avisar, una fotografía de no mucha calidad en la que se apreciaba un cuadro con una joven mirándome fijamente con sus ojos ligeramente saltones y un gesto amable que irradiaba, irradia todavía, serenidad. El peinado, luego descubriría que era un peinado a la moda, me pareció imposible, insólito y, lo confieso, una manera de estropear el primer vistazo. Somos una sociedad de primeras impresiones, de juzgar con solo una ojeada. Ese pelo abultado afeaba el conjunto, pero lo afeaba ahora, en el siglo XXI, no en el XVII. Vestía una especie de blusa semitransparente con unos pespuntes negros. Las perlas, tanto del collar como de los pendientes, llamaban la atención; estaban, por así decirlo, muy bien pintadas, con una pincelada gruesa, una mancha vista de cerca que cobra forma al alejarnos. Esa forma de pintar que siempre me ha parecido como mágica.

He escrito mucho sobre retratos, y si algo he aprendido, es a poder adivinar el tipo de relación entre modelo y artista descifrando un par de códigos muy visibles. La modelo conoce al pintor, pensé, y si me dije que era un pintor y no una pintora, fue por simple estadística. El cuadro debía de ser de finales del siglo XVI o del siglo XVII, y que fuera una mujer la autora entraba dentro de lo improbable, por desgracia, aunque en un repaso rápido a otros retratos que he investigado, calibré la posibilidad de que fuese un autorretrato, teoría no tan descabellada si tenemos en cuenta que en esos tiempos la mujer estaba condenada al olvido y a pintar o bien bodegones, o bien a sí misma, y en casi todos los casos a no firmar las obras o cederlas al jefe del taller o marido de turno; naturalezas muertas o carreras muertas, mal en cualquier caso.

Ya digo que fueron pensamientos fugaces de un aficionado al arte con un poco de imaginación, ideas que prefiero dejar por escrito ahora porque corren el riesgo de perderse o de desfigurarse según avanza el tiempo; de hecho, es posible que ya estén algo desvirtuadas, debería tener más disciplina a la hora de fijarlas. Eso fue, más o menos, lo que pasó por mi cabeza al estar delante de ese archivo adjunto que no era el único. Con un instinto algo pueril, lo primero que hice fue ir abriendo el resto de los adjuntos, hasta dieciséis, entre los que me era imposible establecer una conexión clara, salvo la similitud del rostro femenino en varias de las ventanas que se iban abriendo en mi ordenador. Como un niño pequeño que lo primero que hace al tener un libro en sus manos es ver los dibujos.

La muchacha de nariz ligeramente achatada destacaba entre todos los ficheros adjuntos. El adjunto número uno y parecía jugar a esconderse en los adjuntos números cinco y seis. El archivo número siete parecía ser una ampliación de baja calidad de esa misma muchacha, como camuflada en otra obra y con una edad diferente. Sin ser adivino, claramente querían indicar que se trataba de la misma mujer, eran fotos destinadas a establecer una relación física. Como si mandara una imagen de *La Gioconda* y luego otra de una obra con más personajes entre los que creo está *La Gioconda*.

El resto de imágenes se correspondían con retratos facilmente identificables si eres aficionado al arte, *La reina María de Austria* que he visto en repetidas ocasiones en el Museo del Prado y un *Retrato de dama* que se exhibe en Berlín: esa dama es Inés de Zúñiga y Velasco, la esposa del Conde Duque de Olivares, personaje fundamental en la biografía de Velázquez y que lucía un peinado parecido, por abultado, al de la verdadera protagonista del mail.

Volviendo al correo, había mucha documentación y recibos de remates de subastas donde la muchacha era la subastada, recibos y pantallazos varios de páginas del libro *Arte de la pintura*, de Francisco Pacheco.

Pensé en el buen tema que sería para un reportaje en el informativo, o algo más ambicioso, como un documental. Es arte, es periodístico y es atractivo, todo encajaba, menos el tiempo disponible. Entre el día a día en la tele y la inminente promoción de *Retratarte*, el mensaje fue sepultado por un presente sin disponibilidad.

***

Pasaba el tiempo y la joven dama seguía en mi cabeza. Quién era, a quién mira con tanta dulzura, por qué fue retratada. Velázquez es de esos artistas con suficiente mística para llegar a obsesionarte; Santi lo sabía y el misterioso coleccionista también, solo necesitaban a alguien que amplificara sus ideas. Ese alguien era yo.

Casi sin darme cuenta, empecé a buscar información sobre el joven Velázquez, el niño aprendiz; en el origen del genio debía haber muchas respuestas, en ese territorio tan poco transitado de su biografía donde realidad y ficción se confunden.

Contra la imaginación no se puede pelear. Tampoco lo intenté mucho.

2

El aprendiz

El niño Diego salió contrariado del taller de Herrera, su primer maestro, quizá no tenía ese don que su padre creyó ver desde tan temprana edad.

Seguro que Sevilla estaba llena de críos capaces de dibujar una manzana o un ave o una jarra de agua o cualquier alhaja, cavilaba en su cabeza infantil. Su alto nivel de exigencia le llevó a cargar con parte de la culpa y a poner en duda su talento, tan aplaudido por la familia y gente cercana. El camino de vuelta a casa se convirtió en un calvario de pensamientos y vacilaciones. A ratos pensaba en decirle a su padre que dejaba las artes para volver a los jesuitas. Sí, ese sería el plan, aprender un oficio alejado de los pinceles; ser escribiente como él no sería una mala salida. El miedo a decepcionarle asomó enseguida.

Desconozco si existe un nombre técnico para ese «miedo a decepcionar a un padre», pero es un síndrome extendido a lo largo de la historia que ha hecho muchísimo daño y probablemente arruinado cientos de miles de vidas. Actuar por el influjo paterno y bajo su yugo ha debido echar por tierra incontables y prometedoras carreras. «Seré abogado, es lo que espera mi padre», cuántas veces no hemos oído eso. El síndrome nos acompaña desde muy pequeños y en decisiones casi banales. Yo mismo estuve apuntado a alguna actividad deportiva por creer que eso satisfacía de alguna manera a mi progenitor, y lo libre que me sentí al dejar las clases de judo. Por suerte, Diego tenía un don y su padre lo apreciaba.

Por aquellas sucias calles de Sevilla repasaba mentalmente todo lo hecho durante los siete últimos meses. A su frustración se unía algo peor: una decepción emocional. Admiraba a Herrera, estaba dispuesto a aprender todo de él, su manera de iluminar, de grabar, su bella caligrafía; pintaba diferente. Pero su intransigencia, su forma de hablar, de dirigirse a él terminaron por minar su ánimo. Maldijo su figura y prometió no parecerse nunca a él. Casi sin darse cuenta gritó un: «Ojalá nunca vuelva a cruzármelo», que el eco le devolvió un instante después dejándole paralizado.

Al llegar a casa, Diego expuso sus pensamientos a un padre incrédulo. Herrera había sido discípulo de Pacheco y se convirtió en maestro con apenas veinte años, era un genio precoz llamado a cambiar la manera de entender el arte y que, por su juventud, parecía el idóneo para entenderse con su hijo. La complicidad con un chico de diez años se le antojaba más posible que ante esos viejos maestros aprovechados cuya única finalidad de tener aprendices era convertirlos en criados para poder cumplir con sus encargos.

El padre escuchó a un Diego al borde del llanto. Al terminar, tomó la decisión de ir a pedirle explicaciones en cuanto le fuese posible. Se aseguró primero de que su hijo no hubiese hecho nada contraproducente, como empuñar un pincel sin su permiso.

Diego volvió a insistir en su buen comportamiento y en la manera de hablarle, cuando lo hacía, porque el maestro solía ignorarle. Reconocía su destreza, pero deploraba su actitud. Fue entonces cuando le pidió a su padre no volver allí y dejar la pintura si fuese necesario.

Cuántos genios nos habremos perdido por un mal inicio en lo suyo.

A sus treinta y cinco años, aquella noche João se fue a la cama preocupado, apenas pudo conciliar el sueño. Desde la primera vez que vio coger un lápiz a Diego sabía de su don. Don, don, don. ¿Y si le había repetido demasiadas veces esa palabra a su hijo? ¿Y si el hecho de hacer creer a alguien que es poseedor de una virtud lo único que provoca es un agarrotamiento, una predisposición al fracaso por miedo a no cumplir con las expectativas? Diego también daba vueltas en la cama, temía decepcionar a su padre. En el cuarto cercano de la modesta casa de la calle Gorgoja, su padre estaba seguro de haber fallado a su hijo intentando proyectar sus propios fracasos o el anhelo de haber podido ganarse la vida de otra manera.

Bastante había conseguido, teniendo en cuenta sus orígenes, pensaba mientras avanzaba la noche. La salida de Portugal y la lucha de los suyos por subsistir a una penuria siempre estaba presente; al menos él no había entrado en la cárcel como su pobre padre, capaz de trapichear con sedas para sacar a todos adelante.

La pintura podría ser el mejor atajo hacia la nobleza. Es cierto que otro de sus hijos, Juan, también quería dedicarse a ello, pero lo de Diego era diferente, era otra cosa. Alguien tenía que ser capaz de verlo, pero ¿quién?

***

Sevilla era, a principios de ese siglo XVII, una de las ciudades más poderosas de Europa, incluso desbancando a Amberes como principal motor comercial del continente. El ser designada por los Reyes Católicos como sede de la Casa de la Contratación para gestionar el comercio con el Nuevo Mundo trajo consigo una enorme prosperidad. Ese privilegio, en una ciudad sin salida al mar, pero con un Guadalquivir navegable, provocó la llegada de comerciantes de aquí y de allá y que la ciudad alcanzara los ciento cincuenta mil habitantes repartidos en las más diversas clases sociales, desde nobles y adinerados mercaderes, flamencos o genoveses, a gente de mal vivir y pillos que al olor de la plata y el oro intentaban sacar provecho en una ciudad ajena todavía a la epidemia de peste que mataría casi a la mitad de la población pocos años después.

Esa efervescencia también contagió a la intelectualidad, eran frecuentes las tertulias en talleres que fomentaban el intercambio cultural y el enriquecimiento del espíritu.

João —o Juan, como le conocían en Sevilla— seguía insomne. Había albergado la esperanza de lograr dos objetivos con la marcha de Diego al taller: satisfacer sus inquietudes artísticas y aligerar una boca que alimentar. Cinco hijos, y otro que estaba por llegar, eran demasiados para la paga que recibía como notario eclesiástico, un oficio modesto situado en la parte más baja de la nobleza de la época.

En el barrio, o collación como se denominaba entonces, de San Miguel, Juan era querido por todos. Su amabilidad y disposición a ayudar, así como la numerosa familia con la que era difícil no cruzarte en algún momento del día, le habían granjeado la simpatía de sus vecinos.

Bernabé era uno de ellos, un amigo de la familia, algo avejentado para la edad que tenía, probablemente por su pasado trabajando en el campo expuesto al sol día tras día.

Aquella mañana charlaron, como era habitual cuando se cruzaban. Los dos reconocieron su cansancio, el de uno era vital, el del otro causado por los desvelos y la preocupación por intentar enderezar el rumbo de su hijo.

Fue entonces cuando Bernabé, después de un largo bostezo, confesó la noche vivida en casa de Pacheco, un hombre erudito, un sabio que reunía a gente de todos los ámbitos para dialogar sobre pintura, escultura e incluso literatura.

—Y tendrías que ver, portugués, las cosas que pintan sus alumnos, porque Pacheco es un maestro: retratos, vírgenes, animales, alimentos. Vaya mano; de ese lugar saldrán, seguro, muchos maestros.

Juan creyó ver el cielo abierto, la voz de Bernabé se atenuaba mientras él buscaba en su cabeza el apellido de Pacheco, algún documento de la Iglesia en el que hubiese estampado su firma, alguna posible conexión que llevase a él.

—Ese Pacheco ¿cómo se llama?

—Don Francisco, don Francisco de Pacheco. Vive en la calle del Puerco.

A los tres días de aquel encuentro Juan decidió ir a ver a Pacheco, pero el maestro había salido de viaje y tardaría en regresar.

Uno de los oficiales del taller le explicó que se había ido a conocer la obra y la manera de pintar de grandes artistas, una práctica habitual. Su primer destino sería Toledo; se había pasado meses obsesionado con un pintor griego del que se hablaba en los círculos artísticos. Se demoraría allí una temporada.

Juan le explicó la razón de su visita, las virtudes de su hijo. Exageró un poco narrándole el asombro causado en todo el que veía sus obras.

Antonio Heredia, así se llamaba el ayudante de Pacheco, fue especialmente amable con Juan. Podría habérselo quitado de en medio de manera rápida, pero le enseñó el lugar y le escuchó con interés. El destino está lleno de gente que posibilita una mejoría del presente y brinda perspectiva de futuro. Incluso le ofreció la posibilidad de volver con el propio Diego.

Juan advirtió, nada más atravesar el umbral del local, que ese era el sitio de su hijo; no sabría explicar la emoción que atravesó su cuerpo, pero entre esas paredes se respiraba un algo especial, la luz que entraba por uno de los ventanales y la manera de impactar en obras a medio hacer dispuestas sobre caballetes. El tiempo parecía detenido, y eso necesitaba: detener el tiempo para Diego.

Al cabo de tres días, Juan y Diego volvieron al taller. Al niño le cambió el gesto. Antonio le invitó a coger un lapicero y hacer algún trazo. Diego miró a su padre buscando su aprobación, y realizó un carboncillo rápido. Fue el propio Antonio el que, perplejo, afirmó que el maestro iba a estar encantado de recibirle a su vuelta.

Del fondo del taller emergió la figura de otro aprendiz, Leonardo Jaramillo, para darle la enhorabuena por el dibujo.

Nada más dejar a Diego en casa, Juan se fue a ver a su amigo Pedro del Carpio para escribir la carta que se le presentaría a Pacheco; él no podía hacerlo por ser parte implicada. Y de ahí sale un documento que quizá cambia la historia del arte o, al menos, la historia de nuestro protagonista, porque, en Pacheco, Velázquez encontraría todo lo que no había hallado con Herrera... incluido el amor.

> *Sepan quantos esta carta vieren como yo, Juan Rodríguez, vezino desta ciudad de Sevilla en la collación de San Vicente, como padre lijitimo e administrador que soi de la persona e bienes de Diego Velásques mi hijo, de hedad de doce años poco más o menos, que está constituído debaxo de mi dominio paternal otorgo e conosco que lo pongo a aprender el arte de pintura con*

> *vos Francisco Pacheco maestro de dicho arte e vezino desta dicha ciudad por tienpo y espacio de seyṣ años cumplidos primeros siguientes, que empesaron a correr desde primero día del mes de diziembre del año que pasó de mill e seiscientos e dies, para que en todo este dicho tiempo el dicho mi hijo os sirua en la dicha vuestra casa y en todo lo demás que le dixéredes e mandáredes que le sea onesto e pusible de hacer y vos le enseñeys el dicho vuestro arte bien e cunplidamente según e como vos lo sabéis (...) y en todo el dicho tiempo le ayais de dar de comer e beuer e vestir e calsar, casa e cama en que esté e duerma (...).*

Quizá les haya sucedido alguna vez, ser consciente de cómo un gesto puede cambiar tu sino, tu futuro, el camino a recorrer. Hay decisiones que marcan la existencia. Juan miró aquel documento al que Pedro del Carpio acababa de soplar para acelerar el proceso de secado de la tinta. En ese sello iba una vida, la vida que estaba por llegar.

3

Santi

No sé si es una sensación compartida que, cuando se tiene algo en la cabeza —un tema, una preocupación, un asunto que puebla nuestros desvelos más de la cuenta—, la realidad se encarga de hacer que ese desvelo se cruce en el camino de la vida material demasiado a menudo. Es decir, si, por ejemplo, vamos a tener un hijo, nos cruzamos con más mujeres embarazadas de lo habitual; si nos preocupa algo de nuestra salud, en los telediarios no dejaremos de ver noticias sobre esa enfermedad concreta que creemos tener. Es como si la realidad estuviese empeñada en mantener viva la incertidumbre, golpeándonos cada cierto tiempo con un pequeño y sutil recordatorio de que el íntimo pensamiento no es tan íntimo y campa a sus anchas por el mundo real. El caso es que en una visita no profesional al Museo del Prado, acompañado de mis hijos y con la inocente intención de buscar criaturas en *El jardín de las delicias*, no al nivel de Miquel del Pozo, que con su pequeño fue capaz de descubrir una nueva. Camino de la sala 56A, nos damos de bruces con el cartel anunciador de la exposición de Herrera el Mozo, hijo de Herrera el Viejo, casi treinta años más joven que Velázquez, pero con el que coincidió en vida, aunque de aquella manera.

Pequeño cambio de planes para disgusto de los niños; es mucho más aburrido ver el *Éxtasis de San Francisco* que pasear por el infierno del Bosco. Y ahí, en esa exposición, escuchando lo olvidada, hasta entonces, que ha estado la figura de Herrera, llego a la nada científica conclusión de que Velázquez, que siempre ignoró al hijo de Herrera el Viejo, su primer maestro, lo hizo por el trauma vivido al abandonar su taller. Fue una especie de *vendetta* emocional, a pesar de ser quien era en la corte. El niño de diez años derrotado regresaba al pasado al escuchar el nombre de Herrera, y seguro que lo escuchaba con frecuencia. La otra versión que se me ocurre, menos romántica, es que el carácter del hijo no invitaba a la aproximación; el chico debió de salir al padre, engreído, mordaz de más y con demasiada seguridad en sí mismo, tanta como para aspirar al puesto en la corte de un Velázquez con una personalidad también peculiar. Sea una cosa u otra, si los Herrera no hubiesen sido de esa manera, el joven Diego no habría dejado ese primer taller y no habría ido al de Pacheco, lo que hubiese significado, quién sabe, no conocer a Juana, su amor, su futura esposa.

En esta visita al museo, saludé a la jefa de prensa y le conté lo del mail que había recibido y que me estaba apeteciendo ponerme a investigar. Como son tan amables, no se dibujó en su rostro esa expresión habitual en cualquiera que escucha una propuesta extraña, osada o descabellada —llamémosla como convenga—; no pensó que estaba loco. Aproveché entonces para decirle si en algún momento futuro podría transmitir a su compañero conservador en el departamento de restauración, uno de los mayores expertos del mundo en Velázquez, mis teorías, o más bien las de Santi, el remitente del mail, doctor en Historia del Arte.

—Claro, sí, llámame un día y cerramos una cita con él, y le cuentas.

Aquí me percaté de que el *Retrato de una mujer joven* ya había traspasado esa frontera cerebral que separa lo olvidable, liviano, un pensamiento desechable de otro casi obsesivo. Da igual si era un Velázquez o no; si lo era, el cuadro cobraría otra dimensión, claro, en el imaginario público, en los libros para expertos e historiadores, pero iba a seguir siendo el mismo. La mirada de la chica no iba a cambiar, y ya tenía mi atención.

Qué decía el mail, quién lo mandaba, quién era el dueño de la obra, cómo había llegado a sus manos, quién era la retratada. Preguntas, preguntas y más preguntas que solo se podían responder de una manera: contactando con él.

Al final del correo aparecía un teléfono móvil. Al otro lado, la voz entusiasta de un hombre de edad parecida a la mía. El tema de la voz y su temperatura o timbre es importante; la suya trasmitía pasión y alegría, ganas de contar, no hundía ese timbre al final de las frases, con lo cual siempre estaba en alto, por así llamarlo. Si se pudiese hacer un electrocardiograma a una voz, la línea del suyo siempre estaría arriba, con pequeñas bajadas para tomar aire y emprender el siguiente párrafo. Increíble, fascinante, atractivo, misterioso..., los adjetivos se sucedían y agolpaban traspasando el auricular e impactando en mi tímpano. Si estás dispuesto a dejarte conquistar, esa voz y esa forma de narrar era perfecta.

—Intentaré ir a ver la obra, Santi. Me apetece mucho.

Ya estaba dentro.

***

Entre calificativos, Santi me contó que era historiador del arte por un profesor del instituto. Hay maestros que pueden condicionar nuestro futuro. Somos pequeños bloques de arcilla moldeables durante unos años, y depende de las manos, nos convertiremos en una cosa o en otra.

Creo que nunca he contado que mi amor por el arte también se lo debo a una profesora. Se llamaba Margarita, y sus explicaciones, con la ayuda de un viejo proyector de diapositivas, eran lo más esperado de aquellas largas jornadas en el colegio religioso en el que estuve hasta tercero de BUP, antes de que me invitaran a irme a otro por no encajar en su modelo; un año antes habían invitado a mis mejores amigos a emprender el mismo camino. El caso es que Margarita explicaba las obras con una pasión contagiosa, muchos alumnos murmullaban entre risas con algunos de sus comentarios. Ahora, visto con la perspectiva que da el paso del tiempo, entiendo que se debía a esa educación rancia dominada por el pensamiento religioso, capaz de hacernos sentir vergüenza por ver un torso desnudo o unos pechos insinuados. El día en que Margarita hizo especial énfasis en lo bien esculpidos que estaban los testículos del *David* de Miguel Ángel, la clase enloqueció. En otra ocasión, siendo el alboroto en el aula mayor del habitual, encendió el proyector, colocó la diapositiva y, sin decir nada, se tumbó en el suelo.

—¿Sabéis una cosa? Así es como se disfruta bien este cuadro, así se debería ver, esta es la perspectiva adecuada. Desde vuestra posición la pintura se deforma, es una obra pensada para poner encima de una puerta, con algo de altura, y ser vista, por tanto, desde abajo. ¿Queréis probar?

Uno a uno fuimos recostándonos y apreciando lo importante de la colocación de una obra y del punto de vista. Yo no sabía nada de la posición de corveta 3/4, ideal para no tapar al jinete, pero el abultado vientre del animal «parece otro, más estilizado, visto desde ahí, ¿verdad, Carlos?».

Era un retrato ecuestre, *El príncipe Baltasar Carlos a caballo*, de Diego Velázquez. Ese fue mi primer contacto con el pintor sevillano, tumbado en el frío suelo de aquella clase donde pasé tanto tiempo mirando hacia arriba embobado. Comprendí, no sé si entonces, pero estoy seguro de que ese fue el germen, que no basta con hablar de un cuadro, saber mucho de él, tener un conocimiento enciclopédico, es mucho más importante saber mirarlo. Si Margarita no hubiese hecho esas cosas, quizá las clases de Historia del Arte habrían sido una penitencia más en esos años llenos, ya de por sí, de penitencias.

Impertérrito, hiperactivo, mayestático, sincopado; hay palabras que uno sabe cuándo las empleó por primera vez. Treinta cinco años después, aquí estamos con Velázquez a cuestas. Me hubiese gustado enseñarle a Margarita este cuadro que tanto misterio tiene detrás; quizá me hubiese dado alguna clave. Margarita se tiró por la ventana de su casa hace unos años. Siempre impresiona el suicidio de una persona conocida. Era extremadamente sensible; en el colegio se extendió una leyenda: si la mirabas durante un rato a los ojos, terminaba llorando. Su desaparición temprana conmocionó a un puñado de hombres y mujeres, ya adultos, que, durante un instante, volvimos a tumbarnos en el suelo y ser jóvenes con acné necesitados de que alguien nos explicara las cosas de otra manera.

***

A Santi fue don Francesc quien le inculcó esa pasión por el arte. Al parecer, sus pasos iban encaminados al periodismo, pero el arte y la manera de explicar de Francesc se cruzaron en su camino. Por lo visto, el profesor se apoyaba en películas y obras de arte para captar la atención de sus alumnos que, casi sin darse cuenta, conocían el Renacimiento o el Barroco de forma natural.

Gracias a Francesc llegaron los estudios en la Universidad de Barcelona, la especialidad en dibujo y grabado de arte y el trabajo en una galería con un anticuario, compaginado con visitas guiadas por la ciudad, que le daban para ir tirando. Fue en esa galería de la calle Roselló donde entró Prosper, el coleccionista y dueño de la dama, para vender una de sus obras.

Veinticinco minutos, cuarenta y dos segundos; miré el tiempo de llamada transcurrido en la pantalla del móvil. Como adiviné que iba para largo, me coloqué los auriculares para poder tomar notas y seguí escuchando, atento.

—Recuerdo el primer día que le vi, hablaba con un acento francés mucho más marcado y hablaba deprisa, atropellando las palabras. Desde el principio adiviné en él una erudición nada impostada. Estoy muy acostumbrado a esos sabios, poseedores de una verdad absoluta, a los que ves relamerse con cada teoría; dueños fríos del conocimiento, sin pasión, y recelosos de cualquiera que ose acercarse a su atalaya. Tuve algún caso cercano en la facultad y me he cruzado con muchos desde entonces, se les ve desde lejos. Pero Prosper era otra cosa, se parecía a mi profesor del colegio, era capaz de hacer interesante el listín telefónico.

»Aquella fría mañana de invierno —él llevaba su bufanda y sombrero—, vino con una pequeña tabla de Juan de Roelas, ese pintor de origen flamenco no demasiado conocido; creo que la obra era una visión de San Francisco de Paula, que necesitaba vender para conseguir liquidez y poder restaurar una obra recién adquirida. Hablamos de Roelas y de su relevancia dentro del Siglo de Oro sevillano, y hablando, hablando, llegamos, claro, a Velázquez. No hizo mención entonces a su dama, pero sí abrió un paréntesis misterioso en la conversación: "Si sigo viniendo por aquí, te invitaré un día a mi despacho para que eches un vistazo a un cuadro que puede cambiar la historia del arte". Prosper siempre ha sido exagerado, para lo bueno y para lo malo. Me lo tomé como una *boutade* y no le di mayor importancia. Nos quedamos con el Roelas en depósito, por si aparecía algún comprador; al mes se vendió. Cuando le llamé para darle la noticia y volvió a la galería, fue cuando empezamos a hablar de verdad.

»—¿Ves? Roelas siempre tiene su mercado —comentó entusiasmado—. No es su mejor obra, pero mi nariz me decía que aparecería un comprador, es cuestión de esperar, hay mercado para todo, siempre hay alguien. Somos muchos en el mundo y de entre esos muchos no es difícil pensar que a uno solo no le va interesar lo que vendes. Además, el Siglo de Oro sevillano es un valor seguro, los grandes coleccionistas quieren tener algo que huela a aquella Sevilla deslumbrante de la que Velázquez fue punta de lanza. Roelas, además, tiene ese punto exótico de ser un flamenco andaluz.

»—Sí, sin duda —convine—, pues fíjese, el comprador es un inglés de paso por Barcelona. Un tipo peculiar amante del misticismo y de esa época. Yo adoro el Barroco, y por eso le tomé cariño a la tabla. Roelas fue uno de los precursores de esa transición desde el manierismo hacia el Barroco; de alguna forma, el sentimiento entra en la pintura por primera vez.

»—Veo la efusividad con la que hablas de arte, y si te gusta el Barroco y la época, me gustaría enseñarte el cuadro del que te hablé hace un mes. ¿Te parece si quedamos un día de estos?

»—Claro, estaré encantado.

»—Te dejo mi tarjeta, en cualquier caso siempre será mejor vernos pasado el mediodía, no me gusta mucho madrugar.

En aquella tarjeta, me contaba Santi, ponía: Prosper Lebrun, experto en arte. Teléfono 93 6081660.

***

—Debieron de pasar dos o tres semanas hasta que me decidí a ir a ver el cuadro —prosiguió Santi—, y fue, como suelen ser estas cosas, casi por casualidad. Al ponerme el abrigo e ir a buscar las llaves en el bolsillo apareció su tarjeta.

»Tenía la mañana libre, se había suspendido una visita guiada a la Sagrada Familia contratada por un grupo de japoneses a los que se les debió de atragantar la noche barcelonesa. Le llamé y no vaciló en decirme que fuera. La oficina estaba en un edificio con una primera planta laberíntica llena de despachos dedicados a los negocios más variopintos. No sé si seguían en uso, aunque hubiese apostado a que no habían recibido la visita de un cliente en meses, años incluso. Casi al final de ese laberinto estaba el de Prosper: «Asesoría para extranjeros». Revisé la tarjeta y todo coincidía. Dos larguísimos minutos después de timbrar, cuando estaba a punto de darme la vuelta, se abrió la puerta. Bueno. No era el lugar que uno espera para un coleccionista de arte y desde luego menos para ver una obra maestra, pero las cosas nunca son como las imaginamos.

»—Pasa, pasa, el cuadro está al fondo, lo he colocado cerca de la ventana para que puedas verlo con mejor luz.

De repente, la voz de Santi dejó traslucir una nota de emoción cuando me explicó lo que sintió al encontrarse ante la obra.

—Sin entrar en detalles, supe que estaba ante una obra especial. La mirada, la tela, la luminosidad que se intuía. El estado de conservación era malo, pero daba igual. A ti que te gusta tanto el arte seguro que te ha sucedido; hay obras con un algo especial, es difícil explicar exactamente ese algo, pero te atrapan y siguen en tu memoria tiempo después de haberlas visto. Estuvimos un par de horas teorizando, debatiendo e incluso discutiendo. Prosper es un rival difícil, siempre arguye con algo que inclina la balanza ligeramente a su favor. Aquella tarde me expuso su hipótesis sobre la autoría y la identidad de la joven.

»Y me dio el dosier con todas sus conjeturas ordenadas y razonadas. Me pasé la noche leyéndolo e intentando encontrar alguna fisura en ese informe medio científico, medio novelesco.

4

El informe

Mi imagen al día siguiente debía de ser cuanto menos peculiar vista desde fuera. Nadie despierta con dignidad, quiero decir con un porte presentable o apropiado, quizá cuando somos niños o cuando la juventud nos sobra, que conforme pasa el tiempo es menos a menudo. Suelo leer en la cama con unas gafas sin patillas, o mejor unas gafas sobre las que me senté y destrocé. En un alarde de ingeniería postural logro anclarlas a lo que no hace mucho, y tras visita al dermatólogo, supe que se llamaba seno etmoidal, el puente de la nariz para que nos entendamos. No es sencillo leer así, se necesita de una habilidad solo posible de adquirir mediante práctica y paciencia. Unas gafas sin patillas desafían la gravedad y necesitan de una posición muy concreta de la cabeza, con el cuello ligeramente echado hacia atrás cuando lees para mantenerlas en su sitio. Esas gafas tienen una ventaja, es difícil hacer otra cosa que no sea leer. Si coges el teléfono y pretendes mantenerlas, el espectáculo se vuelve circense; si te mueves mucho, se desencajan y se debe empezar de nuevo a negociar con la nariz. Debí de leer el informe del tirón y abrazar el sueño acto seguido porque desperté con dos folios sobre el pecho, otro casi cubriendo la cara y un par en el suelo que debí dejar en una maniobra llena de dificultad. Parecía haberme peleado con alguien, un fantasma que terminó, nunca mejor dicho, haciéndome perder los papeles.

No debí procesar bien el dosier de Prosper, no recordaba casi nada; era lógico, se necesitaban dos o tres pasadas para digerir tanta información, tanto dato, tantas referencias a catálogos y exposiciones, tantas fechas. Era casi un tratado enciclopédico lleno de sabiduría y lógica destinado a defender una única teoría: la chica del cuadro es Juana Pacheco, la mujer de Velázquez, y sería el cuadro más antiguo existente del artista. No había otra posibilidad, ni pequeña ni grande, era Juana y punto.

Era difícil no caer en el entusiasmo, en la euforia. Voy a hacer un reportaje sobre el primer Velázquez conocido, me decía camino del trabajo. Sí, lo verbalizaba como el que canturrea una canción conocida cuando pasea y mira la gente. Así iba yo bajando la cuesta del parque de al lado de casa, donde la estatua de Pushkin, mencionada ya en alguna novela, debió escucharme.

Entre dientes yo murmuraba: «Es Juana, es su novia, es la primera obra». En la cabeza todos tenemos una mesa de mezclas, o de sonido, una mesa milagrosa capaz de hacer que lo inverosímil suene incluso bien. En ese trayecto mis palabras optimistas se fusionaban con un estribillo de una canción convertida hace un tiempo en un fenómeno en España, «Velaske, ¿yo soy guapa?», de Christian Flores, una mezcla de hip hop, música electrónica y trap que hizo a muchos jóvenes mirar con más atención *Las Meninas*. El videoclip era divertidísimo, la letra, una fantasía:

'Toy haciendo algo revolucionario
Llámame Veláskez a.k.a extraordinario
El niño de Sevilla vino a subí' el nivel
A enseñarle a tontos cómo se tiene que hacer
—¿Entonce yo soy guapa?
—Sí.
—Veláskez, ¿yo soy guapaa?
—Bueno, ps...
—¿Soy guapa, Veláskez?
—Sí, es que, normal, pero ¿por qué esta obsesión?

Yo debía ir reproduciendo mentalmente algo parecido a esto:

'Toy haciendo un reportaje diferente,
sobre el primer cuadro del sevillano.
Nadie se lo creerá de inicio
pero luego claudicarán y se asomarán al precipicio.

Y ese *¿Soy guapa?* yo lo ponía en boca de la supuesta Juana en vez de en la de la Infanta Margarita del tema original.

Desvaríos provocados por la falta de sueño.

Decidí sentarme en un banco del parque para releer el informe. Si después de la tempestad llega la calma, después de la euforia debe llegar algo parecido a la resignación. La vida es eso, la onda de un diente de sierra, arriba y abajo, con la sensación de ser más largos los minutos en el fondo. Había que apaciguar el entusiasmo, no era propio de mí dejarme llevar por semejante subida de adrenalina.

El informe seguía siendo impecable, el único «pero» era el autor, alguien con mucha voluntad y poco nombre en los círculos académicos. Ese mismo informe firmado por un primer espada en el mundo del arte me hubiese hecho, directamente, volar. Pero los estudios pueden ser documentados, completos y casi irrefutables y no trascender por no encontrar la vía adecuada.

Tomé algunas notas para luego poder desarrollar ideas.

El prólogo (era un informe con estructura casi novelesca) estaba dedicado a situarnos cronológicamente, partiendo de un hecho fuera de discusión para Prosper: nuestra Juana fue pintada entre 1616 y 1617, Velázquez rondaba los dieciocho y llevaba en el taller de Pacheco cinco años. Luego pasa a describir la relación de complicidad entre un aprendiz y la familia del maestro en los talleres sevillanos del siglo XVII. Vivían en pensión completa y ayudaban en todo excepto en las tareas domésticas. Se queja Prosper poco después, con toda la razón del mundo, de lo frustrante de enfrentarse a «lo vacuo de una burbuja pseudocumental», refiriéndose a que casi todos los estudiosos que para hablar del primer Velázquez acuden al *Arte de la pintura* del suegro, de Pacheco, y que de tanto citarla y «engordarla» parece haber más información de la existente de verdad; categóricamente afirma que lo único claro e indiscutible es la relación sentimental de Diego y Juana y su boda un 23 de abril de 1618. Es decir, Juana se casó con la cara del cuadro que me quitaba el sueño.

El nudo del informe es el más difícil de seguir, traza una biografía de la pareja, algo literaria intuyo: «Llevaron una gran complicidad matrimonial desde la primera juventud...». Tenía que preguntarle a Prosper cómo fue posible que con tanta complicidad Velázquez tuviese una aventura, con hijo incluido, en Italia.

En realidad, esa reivindicación del amor de la joven pareja es una manera de apuntalar una de las principales hipótesis esgrimida por Prosper: la mirada. Ella mira enamorada. Es decir, defender un amor incondicional entre los jóvenes es condición *sine qua non* para reivindicar la autoría e identificar a la retratada. Si el amor no existe, esa mirada no es posible y no puede ser su esposa; es sencillo, el amor lo puede todo, incluso revolucionar el arte. Esa mirada está destinada a cambiar la historia y a colocar esa obra como una de las más importantes del Barroco.

El informe deja claro la dificultad de encontrar puntos de referencia de Juana en cuadros anteriores o posteriores; Prosper apoya el estudio en tres retratos, incluido el suyo, en los que quizá encontrar un flotador al que agarrarse para no ahogarse del todo.

El primero aparece en *El Juicio Final*, obra de Pacheco, conservada en el Museo de Castres. En esa obra Prosper cree ver a Juana en la muchacha situada a la izquierda de nuestros ojos, mirando hacia arriba. Para Prosper, si Pacheco dejó escrito que se había autorretratado en ese lienzo como uno de los personajes y se rodeó de amigos y parientes, es de lógica aplastante pensar que la joven es Juana e incluso que el tipo de espaldas con el culo al aire es el propio Velázquez.

Esa joven escondida en ese Juicio Final comparte muchos de los rasgos físicos de la supuesta Juana, a saber:

— Ojos saltones.

— Nariz chata.

— Comisura de los labios estrechita.

— Cejas acusadas.

— Mentón suave (¿retraído?).

— Peinado levantado (que además aparece en dos retratos diez años posteriores en la producción de Velázquez, un detalle por el que Sotheby's atribuyó nuestro retrato al entorno del pintor).

La segunda obra es la *Sibila* del Museo del Prado, con rasgos fisiológicos parecidos, a su entender, y con la diferencia de la edad correspondiente: la mujer en este cuadro debe tener unos treinta años (de la época), y está retratada de perfil, algo poco habitual.

La tercera es su, o nuestra, Juana joven subastada en Sotheby's y procedente de «una gran colección británica del siglo XIX»; eso quiere decir que no viene de cualquier sitio, hay solera en ese dueño.

Continúa Prosper hablando del estado de conservación, o mejor del mal estado de conservación, describiendo el repinte del fondo, causa principal de su infravaloración en la subasta de diciembre de 2004.

Una de las partes, a mi modesto entender, más lógicas de todos estos argumentos es donde se insiste en que es imposible que uno de los mayores retratistas de la pintura española no haya dedicado un cuadro a pintar a su joven esposa. Para Prosper, los historiadores se extravían en tópicos sin dar la importancia necesaria a, entre otras cosas, aspectos más humanos.

He dejado para el final la descripción del cuadro; a mí me encanta, me hace empatizar más que con la tela con el propio Prosper, una especie de Quijote dispuesto a batirse con gigantes con tal de salvar a su Dulcinea del olvido:

> *Un encantador retrato de jovencita no exactamente bella, pero seductora por el cariño que emana de su expresión; sus ojos un poco saltones, pero maravillosamente enamorados; su boquita delicada; su palmito... todo con una piel rosada teñida de un azulado sedoso, obra de un virtuoso pintor; su pelo, elegantemente levantado, adorna su angelical rostro con ocho perlitas, cuatro en cada oreja y un elegante collar de perlas acorde a las de los pendientes. No hay expresión más cariñosa entre dos novios que la que transmite esa mirada entregada al que la mira y admira. La intimidad que refleja el trato entre retratada y retratista implica una proximidad afectiva extrema entre los dos sujetos, y eso nos hizo sospechar la posibilidad de que fuese alguien tan cercano como la novia de Velázquez. Emana de esa piel tan suave y tan viva una especie de estremecimiento. La chica es elegante y soberbia, una señorita de buena cuna, en la élite de la Sevilla del Siglo de Oro.*

Es un texto estupendo, lleno de guiños y adjetivos cariñosos.

El epílogo del informe parecía la sinopsis de una novela o de una película. El sueño de todo amante del arte, entre los que me incluyo. El horizonte soñado por Prosper y, por qué no decirlo, por mí.

> *Tal como funcionan actualmente los resortes mediáticos, la sola noticia de la total confirmación de que esta figura jovial corresponde a la mujer de Velázquez, cuando ni siquiera era su esposa, sería noticia de alcance mundial.*
>
> *No es en absoluto exagerado vaticinar que en un futuro próximo, por no decir inmediato, deberá ser incluida en las más elementales publicaciones y catálogos sobre Velázquez. En puesto de honor deberá preceder la obra completa, siendo la primera imagen en orden, por la sencilla razón de ser la más antigua (1616-1617), y sobre todo la primera, la única que actualmente corresponde con exactitud a las prácticas de Velázquez en el taller de su suegro.*
>
> *Disponemos de la más grata ilustración que resume todo el brío y la vida sentimental de un auténtico genio, Diego Velázquez.*

Miré a Pushkin y le dije: «¿Te imaginas que es?».

Una hora y media había estado sumergido en el informe de Prosper, anotando fechas, relaciones, parecidos razonables, sitios a los que ir y sobre todo preguntas, posibles preguntas para realizar primero de todo a Prosper y después a expertos. Todo para intentar llegar a saber quién es esa joven «no exactamente bella».

5

Viaje a Barcelona

Ahí estaba, mirando la pantalla que anunciara la vía del tren que me llevaría a Barcelona. Mirábamos todos, somnolientos, esperando un número que nos transportaría al mismo lugar, pero a destinos muy diferentes. El mío estaba en la calle Aragón, a unas cuatro horas de distancia, donde me esperaba Prosper, el coleccionista, y la supuesta Juana.

El viaje en tren, tan lleno de romanticismo, da para pensar, en ocasiones más de lo necesario, sobre asuntos muy diferentes que pueden llegar al nivel de preocupación si se les da más importancia de la precisa. En mi cabeza habitaba un resumen del año informativo al que debía empezar a dar forma con el verano todavía por extinguirse, la charla de esa misma noche en Barcelona, que acepté casi por tener la excusa perfecta para ver a Prosper, y la chica del cuadro a la que iba a conocer en breve.

Se me olvidó pedir vagón del silencio y ahora maldigo que me tocara la mesita de cuatro en la que no puedo evitar encontrarme con la mirada del pasajero que viaja en contra de la marcha; solo él tiene peor sitio que yo, en mesa y de espaldas. Al echar a andar el tren descubro dos asientos libres, me siento y pregunto al revisor.

—En ese se montará alguien en Zaragoza y el otro ha fallado, porque debería estar a bordo ya.

Me pregunto la razón de ese fallo: se habrá dormido, se habrá arrepentido, habrá muerto de repente. Ha fallado, un viajero que debería estar no está y yo ocupo su sitio, soy un pasajero impostor. Debo reconocer que me he acostumbrado al disfraz de impostor desde el inicio de esta investigación. No paro de repetirme las pocas probabilidades de que el cuadro sea de Velázquez, pero, aun así, Juana, porque en mi cabeza se ha instalado esa posibilidad con toda comodidad, y el cuadro merecen el intento; incluso habrá valido la pena si me ayudan a ahondar un poco más en la vida del propio Velázquez, una vida desconocida por muchos si lo comparamos con todo lo que se sabe de su obra.

El tren llega con media hora de retraso. En Barcelona hace buen tiempo, eso que en mi tierra se dice «ni frío ni *caló*». Dejo las cosas en el hotel y salgo de inmediato hacia el lugar de la cita. He quedado con Prosper en su pequeña galería de arte. Maldita tela. Le llamo pocos metros antes de llegar.

—¿Prosper?

—Sí, ¿quién eres?

No recordaba si Santi me había dicho en alguno de sus correos que el dueño del cuadro era extranjero, francés me parecía por esa primera frase.

—Soy Carlos del Amor, le habrá comentado Santi mi visita, vengo a ver a Juana. Estoy en la puerta.

Ese «Vengo a ver a Juana» suena raro en mi propia cabeza. Juana ahora mismo no existe. Juana no tiene cara, perfil en todo caso, el de esa *Sibila* del Museo del Prado que no está claro que sea ella; Juana no es más que una ilusión en mi cabeza.

Me sale al encuentro, con el teléfono aún en la oreja.

—Ah, sí, Carlos, pasa, pasa.

Prosper me presenta a dos trabajadores de la galería, desconozco si ellos saben de la existencia del cuadro. Saludo amablemente. Poco después me enseña la exposición temporal. Son una serie de fotos en las que diferentes personalidades de la sociedad catalana posan con alguna obra de arte.

—Este soy yo, posando, claro, con Juana —me indica.

El cuadro es público, pienso, ha salido a la calle, ha estado delante de una cámara. Brota mi temor a no ser yo el único interesado en la obra. Quizá hayan enviado el mail a más personas, a más amantes del arte, a más periodistas, y he sido el único en picar. Igual estoy haciendo el imbécil y ahora mismo, en el almacén de la galería, esos dos trabajadores se están riendo de mí, pensando «otro ingenuo». Pero ¿qué ganarían ellos?

Prosper no es francés, es belga, como dejará entrever más adelante en su despacho; debe de tener unos setenta y pico años, pelo y bigote blancos. Viste un pantalón de tela y un polo azul con un bolsillo lleno de bolígrafos. Tiene la cara cansada, o vivida mejor, sí, definitivamente vivida; claro, vivir muchas cosas puede cansar. Hay algo en su gesto, en su mirada apagada, que indica derrota, derrota en alguna batalla librada o en muchas emprendidas. Habla bajo y a menudo de una manera atropellada dificultando mi comprensión. Siempre he tenido el defecto de, si no entiendo algo, intentar procesarlo en mi cabeza mientras sigue la conversación, de tal forma que, con determinada gente, siempre voy unos pasos por detrás de lo hablado, todo con tal de no decir: «No te entiendo»; es como si me diese vergüenza interrumpir. Suelo pensar que al final el conjunto tendrá sentido y por tanto la comprensión será total. Yo asiento, pero, mientras llevo el cuello ligeramente arriba y ligeramente abajo, intento traducir lo dicho justo antes. Así, durante un buen rato, creo que Prosper se dedicaba a la piratería.

—¿Y cuál es su profesión, cuáles son sus orígenes?

—La filatelia.

Pero donde él dijo filatelia con mucho acento, yo entendí claramente *piratéria*. Así, con acento en la é. Y durante largos minutos, mientras él divagaba e iba de Velázquez a Picasso sin rumbo preciso, yo pensaba en cómo, sin ningún tipo de sonrojo, el tipo de mirada vencida acababa de confesarme su tendencia a delinquir. Superada mi incredulidad, me atreví a realizar una de las preguntas más absurdas jamás salida de mi boca:

—¿Y a qué se dedica un pirata?

La cara de ese hombre mutó por completo, abrió los ojos a norte y sur y arqueó las cejas hasta límites a los que ni yo llego.

—¿Cómo pirata? No entiendo.

—Antes me has dicho piratería.

—Filatelia, *filatelía*, de estampas, de sellos.

—Eso, eso, *filatelía* (acentuaba en la i siempre), perdón —dije mientras deseaba una apertura inmediata de suelo.

Esa conversación fue en su despacho, muy cercano a la galería, un despacho con un letrero, sobre el que preferí no preguntar, «Asesoría para extranjeros», rezaba. El despacho estaba desordenado, me atrevería a decir en desuso, o destinado ya solo a labores de almacenaje y reunión. Decenas de libros de arte se apilaban sobre estanterías marrones de los años setenta. Catálogos de exposiciones, archivadores, recortes de periódicos.

> ¿DESCUBIERTO UN NUEVO VELÁZQUEZ?
>
> El óleo, que hasta ahora se creía del entorno de Van Baburen, ha sido incluido en una muestra del Museo de Bellas Artes de Orleans sobre el maestro de la pintura barroca.

Alcancé a leer el titular de uno de esos recortes sobre el supuesto hallazgo de un nuevo cuadro de Velázquez, aunque al salir y buscar la noticia comprobé que se trataba más de una maniobra para dar publicidad a la muestra. Hablaban de la grafía de una inscripción y la similitud con la del sevillano. Lástima que en el nuestro —yo a esas alturas ya decía nuestro— no haya letra alguna.

El despacho, es cierto, parecía más una oficina desordenada de un detective que el despacho de un galerista. Las cortinas eran de un beis amarronado algo ajadas y con dificultad para correr por el raíl. La luz de la calle quedaba opacada o tamizada por ellas, como si siempre estuviese atardeciendo. El bullicio del exterior se filtraba a través de las ventanas, no era molesto, casi al contrario, era ese tipo de ruido blanco al que es fácil acostumbrarse.

—Bueno, pues lo primero es traerte a Juana, la tengo allí al fondo. Mejor que el primer cara a cara sea con buena luz.

El sonido ambiente se mezcló con el de unas ruedas deslizándose por el suelo de madera. Sobre un caballete móvil apareció el cuadro, y al girar las ruedas sobre sí mismas, me encontré cara a cara con Juana. Siempre pasa eso de no pararte a pensar nunca en las medidas de una obra, de un lienzo antes de verlo, y casi siempre sucede que al tenerlo delante lo ves más pequeño de lo imaginado. La culpa —siendo culpa una palabra demasiado seria— es de los manuales y catálogos que, al reproducirlas, no nos sitúan al lado un objeto reconocible que ayude a nuestro cerebro a establecer una escala. Todos los cuadros son grandes hasta el encuentro con ellos, hasta un *Retrato del conde-duque de Olivares* realizado por el propio Velázquez, conservado en la Galería de las Colecciones Reales en Madrid, puede parecernos de un tamaño aceptable si solo lo hemos visto en libros y folletos, y luego comprobamos que es una miniatura de pocos centímetros.

—Aquí la tienes, te dejo tranquilo unos minutos.

Cuando era un crío solía entretenerme en los museos intentando huir de la mirada de los personajes pintados. Me movía de un lado a otro, a veces con rapidez, para ver si podía esquivarlos. Cómo era posible, si ellos no se movían, que siempre fueran capaces de verme. Esa tontería es lo primero que hice al estar enfrente de esta joven. Por suerte, Prosper no se dio cuenta de estos movimientos, de lo contrario habría pensado que a vaya loco había traído a ver su descubrimiento. Una vez comprobado el seguimiento ocular, y ya más en serio, sí tuve una extraña sensación de calidez. El gesto de la chica era templado, sereno, luminoso y quizá algo tímido. Ahí estábamos, frente a frente, más de cuatrocientos años después de ser pintada por no sabemos quién, pero con la necesidad, común a casi todas las obras de arte, de ser vista, contemplada, admirada.

Después de unos minutos empecé a hacer fotos de algunos detalles sin saber muy bien lo que buscaba. Me centré en los ojos; si en vez de una pintura fuese una fotografía, en esas pupilas aparecería el pintor reflejado. El pelo y ese, visto desde el siglo XXI, poco favorecedor peinado. El cuarteado de la piel; la peculiar forma de los labios que parecían dibujar la silueta de una ola; la nariz, fina en el nacimiento y gruesa en su conclusión. El mal estado de alguna parte del rostro provocaba un efecto óptico por el que parecía que Juana tenía una sola ceja. Terminé en los pendientes y la gargantilla.

—¿Qué opinas? —interrumpió mis torpes elucubraciones Prosper con su acento francófono—. ¿No te parece preciosa? No me dirás que no es un retrato hecho desde el cariño; es segura la conexión entre modelo y artista, esos ojos están mirando a alguien a quien ama o quiere. ¿A que al verla te ha hecho sentir bien? Es por eso, mira como miraba a Velázquez.

Prosper quería invitarme a comer a un restaurante japonés cercano al despacho, pero preferí apurar el tiempo allí y sentarnos para charlar un rato. Le pedí poder grabar la conversación para luego no olvidar detalles que pudiesen ser de alguna utilidad.

—¿Quieres un poco de agua?

—No, estoy bien.

—No sé cómo funciona el aire acondicionado, nunca lo he puesto.

A pesar de ser finales de septiembre, en Barcelona hacía un calor impropio de la fecha, aunque cada vez era más habitual la prolongación del verano. Al no disponer de mucho tiempo, y después de pedirme que no le llamara de usted, pregunté directamente:

—A usted..., perdón, a ti, ¿cómo llega el cuadro?

—Antes de contarte cómo llega a mí, te enseño este documento de la primera vez que sale a subasta. Fue en 2004, en la casa Bonham's. Mira, este es el anuncio, y seguro que, si eres un poco hábil, puedes encontrarlo en internet. ¿Ves? Lote 33, aquí aparece como «Círculo de Sánchez Coello». Conoces a Sánchez Coello, ¿verdad? Buen retratista, muy bueno, pero, si te fijas en sus obras, hay en ellas una frialdad, una toma de distancia que no tiene esta obra. De todas formas, estaríamos hablando de mediados del siglo XVI, y en el análisis de pigmentos y materiales que encargué hace tiempo, todo nos lleva al siglo XVII.

Nota mental. Tienen un informe de materiales y pigmentos hecho, no se me puede olvidar pedírselo. Era casi conmovedor ver la pasión de ese hombre por el retrato de una desconocida.

—El caso —prosiguió Prosper— es que tan solo seis meses después vuelve al mercado, en la subasta más importante dedicada al Arte español en Sotheby's, en Londres, y ya aparece catalogada como «Círculo de Velázquez». Puedes buscarla en Google si escribes: «Velázquez + Young lady + Sotheby's». Toma, esto es una copia de la página de Sotheby's. Y fíjate la curiosidad, uno de los dueños anteriores, el barón Londesborough, un noble del siglo XIX, lo tenía así inventariado, mira, mira, lee.

—Sí, sí, «*As Velázquez*». Y de esta otra dueña, Irma Engel, última propietaria, ¿se sabe algo de ella?

—Nada, he intentado localizarla en varias ocasiones, pero no hay manera; es de Londres, pero no sé más. Seguro que tú tienes conocidos en Londres que podrían echarte una mano.

Mientras sudaba de lo lindo en aquel despacho desordenado, y observando a Prosper, me decía a mí mismo dos cosas contradictorias: la primera era qué hacía allí, con ese hombre buscavidas que me hacía partícipe de sus locuras. Y la segunda era, si me estaba timando o tomando el pelo, cuál era la finalidad del timo, puesto que yo no iba a poder hacer mucho por él, ni autentificar una obra de arte ni iba a hacerle un reportaje para la tele dando credibilidad a sus teorías. Es decir, me sentía a ratos víctima de un engaño perpetrado por él y por Santi, pero a los pocos segundos pensaba: las pruebas están ahí, no se han inventado nada, la obra se subastó, los dueños anteriores eran reales. Es harto improbable la autoría de Velázquez, más todavía identificar a la joven como su esposa, pero sin duda hay una historia detrás. Podría ser una gran historia, quiero decir, sea quien sea ya la muchacha, un cuadro del siglo XVII con atribuciones varias, con una mirada enigmática y demás añadidos, es suficiente para despertar interés.

—Mira, Carlos, te digo que este cuadro puede convertirse en el tercer retrato más famoso de la historia después *La Gioconda* y *La joven de la perla*.

—Sí, creo recordar que Santi me habló en su primer correo de la obra de Vermeer. Hombre, algo exagerado es.

—No, no es exagerado, ella se hizo famosa por el libro, por la película. Su leyenda creció mucho a partir de entonces. En 1842 salió a subasta por dos florines y poco. En serio, creo que ya te lo he dicho, deberías escribir sobre nuestra señorita, podríamos estar ante *La Gioconda* del sur.

—Y usted, tú, no eres historiador del arte, quiero decir, ¿de dónde viene esta pasión?

—Como te he dicho antes, yo empecé en la filatelia. Cuando era un niño me di cuenta de que podías cambiar un cromo por dos o tres si el tuyo era de más valor o se consideraba mejor. De los cromos pasé a los sellos. ¿Sabes? La gente se vuelve loca con las estampitas, pagan barbaridades. Empecé a aficionarme y descubrí, en Bruselas, una calle llena de tiendas de arte en la que, si eras listo y rápido, podías comprar al principio de la calle una obra a un precio y venderla al final de esa misma calle al doble. Y así fue como me convertí en marchante; se dice marchante, ¿verdad?

—Sí, podríamos dejarlo en marchante.

—Yo no he estudiado nunca arte, me muevo por la intuición, huyo además de determinados críticos e historiadores que permanecen toda la vida inamovibles en sus sentencias. Para alguien que ha atribuido un cuadro, que ha dicho esto es un Velázquez o un Goya o un Zurbarán, es muy difícil que cambie su criterio. Y son auténticos *hooligans*, cerrando puertas a quien piensa diferente o intenta rebatir sus ideas.

»Tú eres muy joven, pero, por ponerte un ejemplo, no sé si conocerás las discusiones, enconadas, eh, fuertes, que hubo con una Inmaculada Concepción de Velázquez a principios de los noventa. No te hablo de la de la National Gallery; otra, la que está en Sevilla. Para una parte de los estudiosos era claramente de Alonso Cano, un artista que se formó también en el taller de Pacheco. El cuadro apareció de la nada en 1990. En 1994 sale a subasta, y al quedarse su precio en ochocientos millones de las pesetas de entonces, unos cuatro millones de euros, no se vende. ¿Y sabes por qué no se vende? Porque se puso en duda su autoría. Había dos expertos, uno estadounidense, Jonathan Brown, y otro, un antiguo director del Museo del Prado, Alfonso Pérez Sánchez, que tenían posiciones tan contrarias que dejaban el valor en el aire. Escucha, para los dos la obra era excepcional por marcar un antes y un después en la pintura sevillana del siglo XVII, pero no era lo mismo si era de Cano o de Velázquez.

»El arte se mueve por el nombre, por la marca. Dime si no es un poco tontería; Cano compartió clases con Velázquez, tareas, vivencias, pero a uno le tocó la varita del destino y al otro, pues siendo muy considerado, no. Al final, ganó la opción de la autoría velazqueña y en el año dos mil y pico se vende por doce millones de euros, el triple. Para el mercado, Velázquez vale el triple que Cano.

—Comprendo, así pasa en todo. ¿Y quién nos dice que esta chica no salió de los pinceles de Alonso Cano?

—No, no, veamos: nos lo dice la mirada, esa mirada no la pintó Cano nunca. Para mí, la forma de mirar es de las cosas más difíciles. Busca, busca retratos de la época y dime si hay una mirada parecida de otro artista. Y luego, Cano era más escultor que pintor, y eso se nota; en sus pinturas se escucha el eco de sus esculturas, y eso se traduce también en las pinceladas, los materiales y todo eso que aparece en el informe. Llevo estudiando a Velázquez desde hace más de treinta años, desde la famosa exposición en el Museo del Prado en el año 1990.

—Con todo el respeto, Prosper, a mí me cuesta entender una cosa, ¿cómo es posible que teniendo el cuadro varios años no haya salido a la luz, nadie haya venido como yo, pero con más influencia en el mundo del arte? Es un asunto muy atractivo para cualquiera.

—Mira, nadie se ha querido molestar en venir a verlo en persona. Gente, historiadores, estudiosos con los que hemos hablado siempre mostraban su interés, pero nunca encontraban el momento. Yo no soy nadie en este mundillo; un loco estudioso, un tipo sin mucha formación, prestarme atención ya es, para algunos, rebajar su nivel académico. Hice un informe de quince páginas describiendo la obra, creo que ya lo has podido leer, dando detalles, lo envié y probablemente no le haya prestado atención nadie. Certificar la autoría de un cuadro es un proceso complicado y lleno de intereses. Velázquez pintó poco y no firmaba sus obras; las de madurez todavía son más sencillas de identificar, pero con las de su etapa sevillana muy pocos se atreven. En Sevilla, a principios del XVII, había mucha actividad, muchos talleres, muchos artistas pintando de forma parecida. ¿Quién es el listo capaz de aventurarse?, ¿quién se va a creer que existe un retrato de una joven —su mujer, añado yo— en un despacho de Barcelona?

—Es complicado, ciertamente.

—Voy a ver si encuentro los mails que intercambié con una historiadora muy prestigiosa; establecí contacto con ella hace un tiempo, me pidió fotografías y, después de examinarlas, me dijo: es la mano de Velázquez o de alguien muy próximo a él. Ella ya ha defendido su autoría en una María de Hungría de cuerpo entero de la Galería Nacional de Praga. Ah, y también peleó por un retrato de Spínola aparecido hace nada, un cuadro preparatorio para *La rendición de Breda*. Sabe mucho.

—Y tienes esos mails localizados, ¿verdad? Ahora no me va a dar tiempo a leerlos.

Le pedí si podía mandármelos. El tiempo se me echaba encima. Miré de nuevo a Juana, que vigilaba la conversación como si fuese parte de ella, en realidad era parte de ella, pero daba la impresión de que iba a empezar a hablar en cualquier momento. Ojalá, ojalá pudiese hablar.

—Gracias, Prosper, por todo, en unas semanas volveré a Barcelona, hablaré con Santi para quedar de nuevo. Ya me dijo que estos días estaba en Berlín en un congreso, pero se apuntaba a la siguiente visita.

—Gracias a ti, Carlos, por el interés. Le digo a Santi que te mande él los correos de la historiadora. Nos vemos pronto.

Salí al rellano y me perdí tratando de encontrar la escalera, volví a timbrar en ese despacho «Asesoría para extranjeros».

—Derecha, después izquierda, y ya encuentras la salida —me indicó Prosper.

—Gracias. Ah, por cierto, no te olvides de mandarme también el informe técnico y pasarme el contacto de la historiadora. Así puedo seguir reconstruyendo este puzle.

Mi ansiedad suele jugarme malas pasadas y, en ocasiones, puedo pecar de insistente a la hora de pedir. Quería esos mails ya mismo, aun siendo consciente de no necesitarlos en ese instante; de hecho, no podría leerlos hasta el tren de vuelta, pero tenía la sensación de que en cualquier momento Prosper dejaría de suministrarme información o alguien más visitaría ese despacho y decidiría sacar a la luz el cuadro.

—Sí, sí, descuida, lo busco todo, hablo con Santi. ¿A que es un cuadro estupendo, es bonito, tiene atmósfera?

—Sin duda, sí, tiene atmósfera.

***

En el tren de vuelta, al recordar el artículo que había entrevisto en el despacho sobre el descubrimiento de un supuesto Velázquez, busqué más información y llegué a una noticia en vídeo de Euronews en la que el locutor hablaba con la directora del Museo de Orleans:

> La cuestión de las atribuciones es como dilucidar un crimen; de hecho, hay un culpable, que es el artista, y hay un cadáver, si puede decirse, que es el cuadro. Hay que tratar de encontrar las pistas dejadas por el artista para poder identificarlo, para resolver el crimen.

Entonces, si esto fuera una película, sería un *thriller*, entiendo. Más allá de la broma, es verdad eso de las pistas y seguir el rastro dejado por el autor, su impronta, su trazo, su manera de coger el pincel, su paleta de colores, el uso de materiales. Todo es analizable y susceptible de convertirse en parte fundamental de la investigación. Es un crimen sin testigos.

Decidí ponerme en modo detective. Me vino al pensamiento el primer mail de Santi, el causante de todo esto.

> *... Otro detalle importante: el collar de perlas. Se ve uno colgando del cuello en el retrato de la* Sibila *del Prado y vemos otro en nuestra obra (se ve idéntico...). La coincidencia no se acaba aquí. Si aprecias los rasgos faciales entre estas dos pinturas, verás que hay muy razonables coincidencias. Nuestra obra sería de la etapa*

sevillana, de hacia 1617, mientras que, en el caso de la Sibila, *estaríamos hablando de la etapa en la corte de Madrid, cerca de los años treinta. Aunque técnicamente hay diferencias por la evolución estilística del maestro, observamos muchas semejanzas fisiológicas...*

En ese correo se hablaba de la *Sibila* del Museo del Prado, a la que volvería a visitar en cuanto tuviese ocasión, y que en 1746, en el inventario de las pinturas del palacio de La Granja, se le atribuye a Velázquez y se identifica con un misterioso «su misma mujer», es decir, nuestra Juana, aunque sea algo no confirmado. Si nos dejamos llevar por la ilusión y ampliando una foto de la obra de Prosper y otra de la *Sibila,* haciendo *zoom* en las perlas, podías encontrar bastantes semejanzas. Pero ¿acaso no pintarían de forma parecida las perlas muchos artistas en el siglo XVII?

Las ganas de encontrar coincidencias me podían. Yo no apreciaba muchas similitudes físicas entre ambas mujeres, así se lo hice saber a Santi por Whastapp, sobre todo para no dejarme secuestrar emocionalmente y por tanto ver cosas donde no las hay.

> Estimado Santi, me cuesta encontrar parecido entre la *Sibila* y la supuesta Juana que nos ocupa...

> Hola, Carlos, gracias por seguir con interés el tema. Se debe tener en cuenta la diferencia de años, el probable tinte en el pelo para disimular las canas, pero las perlas, la técnica...

Siempre había una respuesta convincente ante cualquier duda y cada una de ellas abría nuevos interrogantes. El nombre de Juana empezó a formar parte de mi paisaje.

6

Conociendo a Juana

La documentación sobre Juana Pacheco es escasa y esa escasez se torna casi invisibilidad si hablamos de sus primeros años de vida. Sabemos, sí, que nació el primer día de junio de 1602 y que murió un 14 de agosto de 1660, tan solo ocho días después de que lo hiciera su marido, ese alumno aventajado al que todavía no conocía, pero que no tardaría en atravesar el umbral de aquel sitio.

El destino o el azar, o vaya usted a saber, siempre haciendo de las suyas. Si al jovencísimo Diego no le hubiese ido mal en el taller de Herrera, probablemente nada de lo que vino después se habría parecido a lo que conocemos. La formación y el maestro encargado de ella fue entonces —como ahora— fundamental para alimentar o alentar inquietudes. Cuántos artistas no se conocerán por haberse dado por vencidos ante un mal profesor que en vez de potenciar sus valores se dedicaron a boicotear su presente para dejarles sin futuro. Si después de Herrera no hubiese existido otro maestro, no estaríamos aquí fabulando con la autoría del retrato de la joven. Es más, casi con total seguridad, la sala sin número del Museo del Prado en la que cuelgan *Las meninas* tendría un hueco o un vacío difícil de imaginar, las cifras de visitantes serían otras y nada sería como es, aunque no lo echaríamos de menos porque no se habría producido.

Ese no echar de menos por no suceder es un tremendo agujero negro en la historia por el que se despeñaron cientos de genios a los que no nos dieron la oportunidad de admirar. Y, como ya he mencionado, quién sabe si Juana, por las costumbres de la época, no fue uno de los casos.

No hay libro escrito sobre ella, ni siquiera una ficción fiable, sobre lo que pudo ser y no fue. Sabemos algunas cosas de su papel de esposa, pero poco o nada de sus inquietudes artísticas. No es difícil ficcionar basándose en los pocos hechos reales conocidos.

Juana nació prácticamente entre telas y pinceles; su niñez transcurría feliz en el taller familiar ayudando a su padre con las mezclas de pigmentos y la limpieza de los cacharros. Hacía dibujos rápidos a modo de ejercicios tomados más como un juego. Pacheco disfrutaba viendo el ingenio y talento de la niña. El maestro de artistas, el hombre que se había labrado una fama en Sevilla gracias a sus amplios conocimientos técnicos, llevaba a menudo consigo la pena de no haber tenido un hijo varón, pero a sus cuarenta años ya se había dado por vencido. Ese pequeño sinsabor se borraba pronto cuando veía a Juana trastear entre sus cosas y aplicarse en aprender pequeños secretos del arte pictórico.

Desde muy temprana edad, Juana solía meter sus pinceles en las obras de su padre. No era una niña al uso, su manera de divertirse era pintar un limón, hojas caídas en alguna escena, utensilios cotidianos de su vida en una casa convertida en taller mucho antes de su nacimiento.

Era frecuente oírla pedir permiso para ayudar a su padre con alguna pintura. En cierta ocasión, siendo una cría todavía, se atrevió con la cabeza de un cabrito de una Santa Inés. Los santos y las santas eran prácticamente unos miembros más de la familia. En aquella Sevilla de principios del XVII, la demanda de lienzos con santos era altísima y solían ser los encargos más frecuentes. No hizo el cabrito, pero ayudó con las piedras del bordado de la santa, no sin antes protestar levemente por tener que dibujar seres inertes. Siempre recordaría cómo su padre le explicó la relevancia de saber pintar de todo y hacer de cualquier cosa la más importante del mundo. No había entonces dos piedras iguales que tuviesen un brillo similar, una forma parecida, debía enfrentarse a ella como quien se enfrenta a un retrato real. Ese cuadro terminaría en el convento del Santo Ángel, y siendo ya una mujer se emocionaba al verlo y buscaba, viajando en la memoria y los recuerdos, esa piedra singular y solo suya.

Su padre era la cabeza visible del taller, pero toda la familia andaba de una forma u otra involucrada en el armonioso funcionamiento del mismo; no podía ser de otra manera. No había casi fronteras entre el espacio donde transcurría la vida familiar y la planta baja por donde desfilaban alumnos buscando la preparación necesaria para aprobar el, siempre exigente, examen. Los chicos, siempre varones, entraban a una edad de entre diez y doce años, y su estancia se prolongaba unos cinco o seis, como hemos visto en el contrato firmado por el padre de Velázquez. Tiempo durante el cual se convertían prácticamente en un miembro más de la familia.

Pacheco seguía absorto mirando a la niña manejar las herramientas que muchos de sus aprendices tardaban meses en saber utilizar correctamente. En su fuero interno maldecía la suerte de las mujeres que, aun estando capacitadas, no iban a poder brillar en el mundo del arte por su condición. Sí, podría regentar el taller cuando él faltara o encargarse de las tareas durante sus viajes, pero viéndola aquella mañana deseaba con todas sus fuerzas que las mujeres también pudiesen ser pintoras. Sí, había oído hablar de esa italiana, Sofonisba, llamada incluso por Felipe II en su día, al que retrató en varias ocasiones, pero, por desgracia, esa no era la norma. Además, Sofonisba provenía de una familia noble y adinerada sin más preocupación que alimentar el espíritu y el alma de sus miembros. En uno de sus viajes a la corte, donde Pacheco intentaba siempre mantener buenas relaciones y contactos, pudo ver alguna de sus obras. Era la mano de una artista, sin distinguir si ese artista era hombre o mujer, una artista de enorme talento para el retrato, capaz de enfrentarse al encargo de un monarca y salir victoriosa. Juana quizá tuviera esa mano, esa gracia, pero el futuro seguro la iba a llevar por caminos alejados de los transitados por la italiana. Aun así, él haría todo lo posible para alentar en ella la pasión y el respeto por el arte y no dudaría en dejarla participar, más seriamente, en alguno de sus encargos cuando estuviese preparada. La niña era consciente de los límites que su condición le imponía, pero ni entonces ni en el futuro que le aguardaba supusieron un quebranto de su ánimo.

Es evidente que un hombre lo hubiese tenido todo más sencillo y el porvenir, en el terreno artístico al menos, resuelto, aunque fuera como futuro maestro. Siendo mujer no había salida; sería imposible vender una obra suya, aprender en talleres que no fueran el familiar, practicar con modelos naturales. Todo eran dificultades, pero le hacía feliz verla pintar por el simple hecho de pintar, de ser tan sumamente libre, esa libertad otorgada por la falta de obligaciones y la ausencia de preocupaciones. Pintar sin aspiración a salir al mercado o gustar al conde de turno.

Gran parte de su corta vida transcurría entre las paredes de ese taller que su padre con tanta entrega mantenía y del que se solía decir que era el mejor preparado de toda Sevilla. Siempre presumía de la luz, una luz caída del cielo, afirmaba, capaz de desparramarse hasta por el último rincón de telas.

El padre había adquirido años atrás ese pequeño y viejo edificio en la calle del Puerco, animado por el juego de ventanas y patios a un lado y a otro que posibilitaría la buena ventilación tanto del hogar como del taller. El olor a aceites, pigmentos y demás materiales no debía entorpecer ni la vida personal o familiar, ni la vida profesional y docente. Esos patios servirían para acelerar el secado de las obras, la orientación norte de uno de ellos evitaría el impacto directo del sol y el consecuente daño.

El espacio era lo suficientemente grande para albergar bancos corridos, escritorios, caballetes de diferentes tamaños, arcones de almacenaje. La generosidad del lugar le permitió dejar un amplio hueco en el centro de la sala para levantar un pequeño estrado donde en un futuro se subirían modelos a posar para él y para los aprendices. Su padre siempre defendió como etapa sumamente importante de la formación pictórica la copia al natural. Juana, por cierto, pasaría largas horas subida ahí, prestando su rostro para pinceles ajenos.

La impaciencia de la joven por dibujar al natural crecía; lo de copiar era un buen ejercicio, pero necesitaba enfrentarse a un pie, una mano o una de esas orejas moldeadas, guardadas con tanto mimo en uno de los baúles del taller. Francisco adoraba a su hija y su inquietud, la veía husmear en el taller a escondidas, abrir y cerrar armarios, pero en los pasos a seguir era estricto. Primero, dibujar y dibujar y seguir dibujando, repetir sin descanso. Objetos al principio, cuerpos después. Para el maestro, inicialmente había que dominar lo inmóvil y luego lanzarse a lo vivo. Pacheco le entregó uno de sus libros de anatomía para ir familiarizándose y le recitó un poema de un pintor cordobés, Pablo de Céspedes, que siempre mencionaba a sus discípulos al ingresar en su taller:

Un día y otro día, y el continuo
trabajo hace práctico y despierto,
y después que tendrás seguro el tino,
no cures atajar luengo camino.

Ese poema sirve muy bien para conocer a Pacheco, la paciencia, el trabajo, el enfrentarte a callejones sin salida, la imposibilidad de encontrar atajos. Si algún día ella se hacía cargo del obrador, mandaría esculpir esos versos en piedra.

***

En lo referente al aspecto físico de Juana añadir que, como de sus primeros años de vida, la falta de documentación que me sirva de ayuda es casi total, nada se sabe sobre su aspecto, aunque hay diversas hipótesis de quienes creen verla tanto en obras de su padre como de su esposo. En el primer (y a estas alturas, casi mítico) correo electrónico de Santi hay varios apuntes que pueden ayudarnos a situarnos y a entretenernos un rato buscando en internet las obras referidas y jugar a sacar parecidos, razonables o no.

> *... si miramos con atención en la obra* El juicio final *de Pacheco el retrato de la joven que aparece —aunque la imagen no es muy buena—, y la comparas con la joven retratada en nuestro óleo, verás que guarda unos parecidos más que razonables. Ojos saltones, nariz chata, la comisura marcada de los labios... La diferencia de edad entre estas dos pinturas sería de unos dos o tres años, siendo mayor en nuestro óleo y anterior en el de Pacheco. Pero, además, y hay que tenerlo en cuenta, la discrepancia está en el pincel. No hay más que comparar cómo se autorretrata Pacheco y cómo es pintado por Ve-*

lázquez en 1622. Si vuelves a mirar la Young lady *de nuestro óleo y la confrontas con la niña* de El juicio final, *apreciarás estas semejanzas. También, si quieres, puedes cotejarla con la* Sibila, *realizada hacia 1630 por Velázquez y de la que se cree que es un retrato de su esposa, ya de unos años más tarde (con el pelo teñido de negro, seguramente para evitar canas, y en posición de perfil).*

(...) Si aprecias los rasgos faciales entre estas dos pinturas, verás que hay muy razonables coincidencias. Nuestra obra sería de la etapa sevillana, mientras que en el caso de la Sibila *estaríamos hablando de la etapa en la corte de Madrid, cerca de los años treinta. Aunque técnicamente hay diferencias por la evolución estilística del maestro, observamos muchas semejanzas fisiológicas. Y la cosa no se acaba aquí.*

Un amigo nuestro, odontólogo de profesión con escasos conocimientos de arte, ha apreciado que la(s) mujer(es) que aparecen en estas dos obras tienen la cara retrognática, es decir, que tienen poco mentón y muestran, de perfil, la típica cara con los dientes superiores más adelantados y los inferiores atrasados, hecho que les hace parecer como con la «cara corta».

Hay dos cosas que me encantan de este fragmento del correo electrónico: por un lado, el pelo negro y teñido de la supuesta Juana de la *Sibila*, pero en especial la entrada en escena del odontólogo y esa retrognatia diagnosticada cientos de años después a dos mujeres que, siendo o no la misma, comparten unos maxilares desalineados. Debo valorar todavía si verme con ese dentista para profundizar un poco más, pero una primera llamada a algún amigo odontólogo al que no doy muchas explicaciones de la razón de mi pregunta me confirma que es una afección más apreciable de perfil, que es la postura en la que aparece la *Sibila*, que de frente. Si el especialista conocido de Santi ha emitido un dictamen médico también del cuadro enigmático, deber de ser entonces evidente esa retrognatia. He buscado y rebuscado la existencia de algún estudio sobre la incidencia de esa deformidad en la Sevilla del siglo XVII, sobre todo por curiosidad más que por considerarlo prueba de nada, y no ha habido suerte. Hay informes de casi todo, pero no de todo. Seguiré, no obstante, indagando... e imaginando.

***

Aquella noche, Pacheco mandó a dormir a la niña pensando en el día lleno de quehaceres que le aguardaba al amanecer. Además de los clientes habituales, debía ver, para el puesto de aprendiz, a un chico muy prometedor del que Heredia hablaba maravillas.

Juana solía terminar el día con las manos manchadas, algo lógico si ayudaba con frecuencia a su padre en la, para muchos ingrata, tarea de moler pigmentos. Le gustaba menos preparar el lienzo, la imprimación, la cola, el barro, el aceite de linaza y el toque final de albayalde, prohibidísimo hoy por su eleva toxicidad. Preparar el soporte era sin duda lo más aburrido, pero a ello se entregaba con el mismo afán perfeccionista que a cualquier dibujo.

—¿Quién será el próximo aprendiz? —se preguntó antes de dormirse, envidiando entre sueños las posibilidades infinitas de esos alumnos por el simple hecho de ser hombres.

7

Primer jarro de agua fría

No fue exactamente un jarro de agua fría, pero sí templada, de ese tipo de agua con la que te duchas el tiempo justo cuando empieza el otoño, no disfrutas del todo, aunque es necesario dársela por aseo y para despertar. Eso sí, sales en cuanto el objetivo está conseguido. No hay recreo bajo la lluvia. Así fue mi paso por la Feria de Arte Estampa, donde coincidí con un buen amigo galerista al que le enseñé la foto de la obra.

Este era un trámite que quería posponer, dilatar en el tiempo, cualquier soplido que derribara mis débiles teorías podía condicionar mis ganas de seguir investigando. Es difícil de explicar. Desde el principio era consciente del viaje al fracaso que suponía emprender esta aventura. Uno sabe cuál es el final, pero durante el camino tiende a imaginar otro, se hace ilusiones y de alguna forma sufre un síndrome de Estocolmo con lo que cuenta, con los personajes y, por supuesto, con el cuadro al que ya no ves igual. Con los libros, con el arte, con las películas pasa como con las personas, uno las conoce y se encariña o no se encariña, empatiza o no empatiza, y yo, a esas alturas, mejor dicho, ya lo había hecho. Cómo no empatizar con Santi, tan entregado y dispuesto que habla con tanta pasión de la obra y ve parecidos donde yo no los veía al principio, y distingue épocas, vivencias y pigmentos con una clarividencia abrumadora. O con Prosper, ese tipo hecho a sí mismo, amante de la cultura, estudioso y casi seguro repudiado o, por decirlo más suave, visto con displicencia por los teóricos y dueños de las verdades absolutas y únicos seres habilitados en el planeta para entregar bulas de autoría. Nadie iba a hacerles caso, el cuadro seguiría siempre en un despacho de asesores para extranjeros de Barcelona y, algún día, en un viejo trastero condenado al olvido. Pero, aun no siendo de Velázquez, ¿no merecía acaso un relato, un reconocimiento? Era un cuadro de calidad notoria, según varios expertos, desde las casas de subastas hasta la restauradora que hizo el informe o la historiadora consultada por Prosper.

En el arte sucede lo mismo que, por ejemplo, en la moda: una prenda la miramos diferente si es de Chanel o de la tienda del barrio. Obviamente, en este mundillo pasa igual: no se va a mirar a esta chica igual si ha salido de los pinceles de Velázquez, no digamos ya del primer y enigmático Velázquez, que si lo ha hecho de los pinceles de Sánchez Coello o del propio Pacheco. En el primer caso se presentaría por todo lo alto con prensa de todos los rincones; habría una restauración laboriosa, quizá pública y a ojos de quien quiera seguirla; se procedería al colgado en un lugar destacado y señalado del museo elegido y peregrinarían visitantes buscando los ojos llenos de misterio y dulzura de nuestra protagonista. Si es de un pintor «menor» en el llamado *hall of fame* de la historia del arte, el cuadro pasaría a depósito, se restauraría en algún momento y luego, en el caso de exponerse, ocuparía un rincón en alguna sala difícil de encontrar del museo. La vida es así, la pictórica y la de carne y hueso.

Todavía tengo presente la presentación de *La Gioconda del Prado*, el hecho de haber estado o compartido taller con Leonardo da Vinci despertó una expectación que pocas veces he visto en mis años de profesión. Leonardo es un artista de los llamados «fuera de competición»; da igual el descubrimiento o la teoría, si lleva su nombre asociado, será noticia. En el caso de esa *Gioconda* de forma justificada, pero en otros casos de una manera exagerada y sensacionalista. Si escribimos «Leonardo da Vinci» en Google y le damos a búsquedas en las últimas veinticuatro horas, será extraño no encontrar alguna reseña; siempre hay alguien dispuesto a exprimir al genio, sabedores de la repercusión, de que siempre va a salir una gota de zumo suficiente para saciar la sed.

***

—¿Tienes aquí fotos de la obra que me dijiste? —me preguntó mi amigo.

—Sí, tengo muchas. Mira.

Seleccioné los encuadres más cortos, como cuando enseñas fotos de un hijo para mostrar en una reunión de amigos y buscas donde salen más graciosos o divertidos. A mí el peinado de Juana me gustaba entre poco o nada y creía que para un primer vistazo conquistaba más con la mirada. Le mostré una fotografía donde aparecía desde la frente y el nacimiento del pelo hasta la barbilla, obviando el resto.

—Déjame un momento.

Acarició la pantalla y la mejilla de Juana y amplió hasta apreciar la piel agrietada por el paso del tiempo. Volvió hacia atrás y amplió los ojos hasta que ambos ocuparon todo el ancho del cristal. Sobre la superficie del móvil se reflejaba su rostro con gesto serio superpuesto al gesto dulce de ella. Esos segundos son parecidos al momento antes de que se anuncie un premio Goya, o al instante previo al veredicto de un médico. El reloj se detiene, se acalla el ruido y se ensancha el tiempo. Diez segundos parecen horas y el dibujo de la boca al abrirse para emitir una sentencia es a una velocidad inferior a la habitual.

—Yo creo que no es un Velázquez.

Ese día diluviaba en Madrid, la mayor cantidad de agua caída desde 1860; yo, que había evitado mojarme, me empapé estando a cubierto.

—Ya, ya, si es descabellado pensar en Velázquez —acerté a responder.

Todos hemos vivido situaciones parecidas, vas con una buena idea al jefe, aunque no la verbalizas como tal. Lo haces más bien como algo que piensa alguien cercano, pero nunca tú, y él la echa por tierra, y tú asientes como si el loco fuera ese alguien imaginario. Pues más o menos así actué, fingiendo estar de su lado y nunca haber estado del lado de Prosper y compañía. Vamos, un cobarde en toda regla.

—Yo apostaría por Sánchez Coello o Bartolomé González. Son de diferentes épocas y en cualquier caso anteriores a Velázquez. Pero te digo esto sin entrar a analizar los rasgos estilísticos o incluso físicos. Ese peinado, las joyas, seguro que dicen muchas cosas. Por las fotos no puedo apreciar bien, pero no hay materia, es poco matérico para la forma de pintar de Velázquez.

En ese instante acudí mentalmente al análisis técnico y de restauración del que me había hablado Prosper y que todavía no había visto, pero donde ya me advertía de que las diferentes, y poco afortunadas, intervenciones realizadas habían provocado una planicie en la obra, una ausencia de materia.

Por otra parte, a Sánchez Coello lo tenía en el radar, pero al tal Bartolomé no. Más tarde buscaría en internet obra suya y, claro, entra dentro de las posibilidades. Pero, y esto debe ser consecuencia de ese síndrome de Estocolmo, ninguno de sus retratos, como ninguno de los de Sánchez Coello, tiene la mirada de la muchacha de este cuadro, no transmite esa calidez ni esa cercanía. Ese era mi profano pensamiento apuntalado por algo que añadió mi amigo:

—Me inquieta la mirada, la mirada sí es velazqueña, ves la asimetría, eso es propio de Velázquez.

Mmmm, empezaba el encantamiento, me quedé con esta semiafirmación, era una brizna de esperanza para seguir agarrado a la posibilidad remota de que sea lo que soñaba que fuera.

—Tú tienes confianza con el museo, pídeles una estratigrafía de Velázquez para cotejar con algún tipo de informe del dueño.

Estratigrafía... Me costaba hasta pronunciarlo. Imaginé rápido que se trataba de un estudio de los materiales usados por el pintor en sus obras. Otra cosa nueva, otro anzuelo del que tirar.

No paró de llover en todo el día. La vuelta a casa fue un infierno de tráfico, bocinazos y sirenas de policía mezcladas con la sensación de haber dado un paso atrás en la consecución de una quimera.

Pero tiene la mirada asimétrica, me repetía mientras el limpiaparabrisas me llevaba a un estado casi hipnótico en el que evocaba el momento preciso en el que un joven pintor retrataba a su amada en el taller de su maestro, en el taller de Pacheco, testigo de todo.

8

Pacheco

Por ti, honor de Sevilla,
el docto, el erudito, el virtuoso
Pacheco, con lápiz ingenioso
guarda aquellos borrones,
que honraron a las naciones
sin que la semejanza
a los colores deba su alabanza,
que del cartón y plomo parecida
reciben semejanza, alma y vida.

Si mi presencia en el museo solía ser bastante habitual —«Te vamos a hacer un contrato», suelen bromear cada vez que me ven—, desde la aparición en mi vida de este cuadro, esas visitas se incrementaron notablemente, aunque mis movimientos dentro de aquella institución eran bastante reducidos y sospechosos. Aquel día, mi único objetivo era poder ver tranquilamente el retrato del maestro realizado por el que fuera su alumno, encontrarme cara a cara con Pacheco y ver si me contaba algo.

Velázquez lo pintó terminada ya su formación en el taller y casado con Juana. Es un cuadro que demuestra cómo el alumno ya ha superado al maestro ampliamente, e imaginamos el pensamiento de Pacheco al verlo, la apabullante superioridad artística de su yerno de la que fue consciente al ver al joven Diego desenvolverse con los pinceles años atrás.

Delante de esta pintura uno piensa en cómo esos ojos sabios que dominaron la escena artística de la Sevilla de finales del siglo XVI y principios del XVII pudieron ver tan cerca la forja de un genio llamado a revolucionar la historia. Esos ojos fueron testigos de sus primeros dibujos y de sus primeros errores. Leo en diferentes libros de historia que ese retrato estaba, probablemente, destinado a colgar en la vieja casa de la calle del Puerco donde todavía vivía Pacheco, una especie de recuerdo familiar tan habitual en la época. Mi imaginación —y mis ganas— me llevan a pensar que quizá la supuesta Juana fue otra especie de juego o ejercicio para retratar a la niña y colgar en otra de las paredes de la vivienda.

Pacheco mira con ojos cansados, encerrados en una oscuridad desde la que parece seguir sentando cátedra. Es un hombre maduro, curtido en cientos de batallas intelectuales, buen pintor, pero más considerado por su erudición y condición de tratadista y al que la historia recordará por ser el suegro y maestro de.

Ese Pacheco nos debe mirar desde el año 1620 aproximadamente, no mucho después, como delata ese barroco cuello blanco o gorguera. Es curioso pensar cómo un complemento estilístico puede ayudarnos a datar o situar en el tiempo bastantes obras de arte. Es sencillo, si aparece el cuello de lechuguilla referido, el cuadro es anterior al 11 de febrero de 1623, fecha en la que la Junta de Reformación, por orden de Felipe IV, decide «abolirlo»: ese cuello era un signo de ostentación innecesario, y encima caro, unos doscientos reales. El Rey Planeta quería más austeridad y parar de alguna manera esos dorados y brillos franceses cada vez más expandidos. El negro vuelve a cobrar protagonismo, algo que no es baladí para el arte; al fin y al cabo, muchos artistas vivían de retratar a la nobleza, y la nobleza iba a oscurecerse una temporada. Pero volviendo a lo que nos ocupa, adiós a la gorguera y bienvenidos sean los cuellos planos, las golillas, más cómodas e, intuyo, más fáciles de pintar.

***

Mucho antes de alcanzar el privilegio de llevar gorguera, Francisco Pacheco no era Francisco Pacheco, sino Francisco Pérez del Río, hijo de Juan y Leonor, nacido en Sanlúcar de Barrameda en 1564 y destinado a dedicarse a labores de sastrería como su padre, o del mar como el abuelo, al que confesó su falta de dotes marineras en más de una ocasión. Era frecuente ver al chaval leyendo en el puerto mientras preparaban los aperos para la faena; el abuelo lo miraba entre preocupado y compasivo, esos libros no le iban a dar de comer y en la casa había demasiadas bocas para alimentar. Su padre se pasaba día y noche cosiendo entre agujas e hilos para, entre todos, llevar una vida sin demasiadas estrecheces. Ante la insistencia del joven Francisco, le prometieron que, llegado el momento, intentarían mandarle a Sevilla con su tío, canónigo de la catedral, y que así pudiera aprender algún oficio más acorde a sus inquietudes, pero hasta entonces tocaba mar.

***

Creo que ya he escrito sobre el destino o sobre la manera en la que puede cambiar una vida e incluso la historia. Francisco pudo quedarse a trabajar en la mar toda su vida o haber heredado las tijeras de su padre, convivir el resto de sus días con cañas, plomadas, redes y demás utensilios empleados en el duro oficio del abuelo o enhebrar sin descanso con el padre. Pero Francisco tenía un tío poderoso o, en todo caso, más poderoso visto desde la lontananza, desde la humildad, desde una posición donde solo cabe subir; bajar implica hundirse, ahogarse en aguas revueltas llenas de peces similares que vagan en círculos el resto de sus días.

Llama la atención que Francisco Pacheco no se llame siquiera Francisco Pacheco, es Francisco Pérez del Río. Es seguro que el cambio de apellido se deba a razones tan mundanas como la posibilidad de un futuro mejor, pero hay en esa renuncia y en ese cambio, al menos para mí, la triste sensación de ruptura con quien eres para intentar ser quien verdaderamente quieres ser. Y es duro tener conciencia de la necesidad de quebrar tu pasado para construir tu futuro, de salir de una ciudad mirando atrás y diciendo adiós mientras te transformas en otro. No habrá más mar, ni dedos arrugados por el frío, ni pelos enmarañados de salitre, ni la piel ajada del abuelo, atravesada por hondas arrugas en las que se deposita el sudor de largas y desesperantes jornadas, ni la vista debilitada del padre. Darse la vuelta y decir adiós es, en ocasiones, la decisión más importante en la vida de una persona. Uno se va por necesidad o por ambición. En el caso del jovencísimo Francisco fue por ambas cosas. La necesidad de salir y la ambición de conquistar una Sevilla cada vez más influyente en el reino. Aunque no hay datos exactos sobre la razón de su marcha, esa marcha trajo consigo mucho de lo que ya saben. Sin esa salida Velázquez no sería Velázquez.

Quedamos, por tanto, en la existencia de dos Francisco Pacheco, el tío y el sobrino. Cuando el sobrino llega a Sevilla, el tío está saliendo del peor bache de su vida, acaba de recuperar la confianza del Cabildo que le había acusado de robar libros en la Biblioteca Capitular, una deshonra con la que carga casi diez años. Él, una eminencia y figura autorizada en toda la ciudad, humillado públicamente. No desaprovechó el tiempo. Lo dedicó a escribir sin descanso y a recuperar la reputación perdida. Con la reputación siempre pasa lo mismo: cuesta mucho ganarla, pero perderla, apenas un instante. Imaginamos a Pacheco tío recibiendo con entusiasmo al pequeño Francisco, es el hijo que nunca tendrá, y a juzgar por sus aptitudes e inquietudes, un chaval al que moldear a su antojo para que herede el apellido con todas sus consecuencias. El tío, el licenciado Pacheco, vuelve a ser uno de los hombres más respetados y admirados de la Sevilla del último tercio del siglo XVI; el sobrino será uno de los más respetados y admirados del primer tercio del siglo XVII. Todo queda en casa.

Es, muchas veces, desolador, comprobar la falta de documentación existente relativa a personajes que podrían ayudar a reconstruir una biografía. Pacheco sería una figura capital para esta historia, pero de él poco se sabe, algo que suelo utilizar a mi favor por contribuir a agrandar su leyenda a mi antojo y ayudarme a poder inventar, o mejor, y más literario, imaginar su vida sin temor a equivocarme, pero ese ejercicio imaginativo es sumamente complicado cuando, por no saber, ni sabemos el año exacto del nacimiento, tampoco si quedó huérfano siendo muy niño. En tal caso no serviría el diálogo anterior, aunque sí hay tradición marinera en la familia y está dentro de lo posible que saliera a faenar y no disfrutara con la experiencia. El ancla de los datos, de la realidad, es mi principal ayuda cuando me enfrento a un texto. La deformación periodística me provoca una gran inseguridad cuando fabulo sin que esa fabulación esté basada en hechos reales, y Pacheco, el sobrino, tiene enormes lagunas biográficas al principio de su vida, provocando que me mueva en arenas demasiado movedizas. Es real su estancia en Sevilla y su educación al lado de un hombre eminente que procuró cultivar su pensamiento y le facilitó las herramientas adecuadas para su desarrollo intelectual. El acierto de Pacheco tío fue advertir también ciertas dotes artísticas en ese sobrino, que se pasaba el día dibujando y formulando preguntas sobre pintura, e introducirle en el taller del pintor Luis Fernández, que le adoctrinó en el uso del color, ese color presente años después en otro taller, donde aprendería Velázquez. Por fortuna, siempre hay un rescoldo documental al que aferrarse para dar forma a quien fue testigo directo de todo.

El tío le invitó a acudir a tertulias y encuentros con poetas y literatos, sabedor de que quizá podrían causarle aburrimiento al principio, pero consciente de la necesidad de acostumbrar al oído a un tipo de lenguaje diferente y necesario para mantener al menos una conversación con gente como Fernández.

Pacheco aprovechó bien el tiempo con Fernández, era un joven inquieto con enormes ganas de aprender. Aplicado y muy voluntarioso. El término voluntarioso no es necesariamente un calificativo laudatorio, se suele utilizar para definir a personas que no son brillantes, pero que se esfuerzan por llegar a un nivel cercano a la brillantez; de todos modos, la brillantez, aparte de trabajarla, se debe tener innata, y probablemente Pacheco no la tenía. Se convirtió en uno de los pintores de referencia en Sevilla en la frontera entre los siglos XVI y XVII, aunque uno tiene la sensación de estar ante un hombre respetado por su conocimiento más que por su talento. Era sobre todo un humanista.

1594, de esto sí hay datos, es un año también fundamental para nosotros: el 17 de enero se casó con María Ruiz del Páramo, madre de Juana, madre de la muchacha del cuadro, en el caso de que la muchacha del cuadro sea Juana. Ojalá. No hay retratos confirmados de

María, algo que nos ayudaría a buscar parecidos razonables con la hija.

Su tratado de *Arte de la pintura* es y ha sido objeto de estudio y casi se le recuerda más por él que por sus obras manieristas. Otro influyente tratadista, Antonio Palomino, llegó a escribir que «su pintura —la de Pacheco— no fue la más grata de mirar». A mí, qué quieren que les diga; adentrándome en esta historia, es una de esas figuras con las que empatizas; sus esfuerzos, su influencia, su poder... es como si fueran algo impostado o no del todo respetado. La posteridad le recuerda, los que le recuerdan, como el suegro de Velázquez. Sí, su obra está en grandes museos, pero cualquier crítica, artículo o reportaje sobre él dirá en primer lugar eso, sin duda alguna.

***

Heredia advirtió a Pacheco de la visita del portugués con su chaval. Cansado todavía del viaje, escuchó la explicación de su ayudante sobre la buena impresión que le había causado y el mal trato recibido en el taller de Herrera, además de la tristeza del chico. Quedaron en verle pronto.

Fue en esa visita inicial cuando Diego y Juana se vieron por primera vez. Pacheco demoró su llegada, y mientras Heredia le mostraba el lugar, por una puerta asomó una voz primero y una cabeza después pidiendo permiso para mezclar algún color. Por otra puerta apareció Pacheco e hizo la presentación, y Diego la miró durante un largo tiempo como si estuviese pintándola. Juana intentó esconder un sonrojo imposible de disimular, un sonrojo para el que sería necesario un pigmento demasiado colorado si tuviese que plasmarse.

Esa misma tarde, Diego superó sin problemas las pruebas de aprendiz. Moler y experimentar con pigmentos, esbozar algún objeto. Nada nuevo para el chico. Pacheco quedó altamente satisfecho y así se lo hizo saber a un Diego sorprendido por el tono tan diferente del de Herrera.

El 17 de noviembre de 1611 Diego Rodríguez de Silva y Velázquez entra «oficialmente» como aprendiz en el taller de uno de los hombres con más renombre, artísticamente hablando, de Sevilla.

9

Haciendo los deberes

Mientras releo lo escrito sobre Pacheco, dos activistas han atacado en Londres la *Venus del espejo.* No es la primera vez. Ya a principios del siglo xx una sufragista le propinó tres cuchilladas hiriendo la tela. En esta ocasión, el cristal protector ha servido de parapeto contra los martillazos que dolían como si me los estuviesen dando a mí. Tengo la sensación de que Velázquez, o alguien, me manda señales constantemente y me guía a la hora de ir ampliando lo narrado aquí. No será, por cierto, la última vez que esta Venus cobre protagonismo en estas páginas.

Ya instalado en la rutina de Madrid, decidí escuchar de nuevo las notas de voz que había grabado en mi encuentro con Prosper; era difícil seguir su discurso, iba de un lado a otro de la historia sin parar un segundo, abría un camino y automáticamente ese camino se bifurcaba y cogía otro. No terminaba de cerrar ninguno. Tenía señalada la nota número 16, de una duración de unos doce minutos; al reproducirla escuché mi pregunta.

—¿Cuándo y cómo ves por primera vez la obra?

—Fue en una pantalla de ordenador, la imagen tenía mucha calidad, a pesar de ser un ordenador de hace casi veinte años, no es como ahora, que prácticamente puedes apreciar hasta la última grieta de una obra de arte. Ojalá esa tecnología hubiese existido en mi juventud; ampliar y ampliar hasta ver el más mínimo detalle, me hubiese sido de mucha utilidad, ¿sabes?...

Avancé un poco la grabación porque, como he dicho, Prosper da muchas vueltas antes de llegar al destino solicitado.

—Entonces estaba yo siguiendo esa subasta, creo que era diciembre. La seguía, no para comprar, no tenía un duro entonces, tampoco ahora. Un amigo me pidió consejo sobre una obra en la que estaba interesado, no recuerdo ahora mismo cuál. Era el lote anterior o posterior a Juana.

Le di a pausa y me dispuse a intentar acceder a los lotes de aquella subasta que, efectivamente (la memoria de Prosper era muy buena), se realizó un 9 de diciembre de 2004; el de Juana era el lote 322.

Era fácil de localizar; tecleé en Google lo que me dijo «Velázquez + Young lady + Sotheby's», y aparecía en la primera imagen. Allí pude volver a leer los nombres de los sucesivos dueños, el barón y la tal Irma, acompañados de una breve descripción realizada por la casa de subastas.

Nota de catálogo

El estilo de esta pintura es consistente con los retratos producidos en Madrid en el siglo XVII. El peinado distintivo de la chica se puede comparar, por ejemplo,

> con los usados por la infanta doña María, reina de Hungría, y por doña Antonia Ipeñarrieta y Galdós, ambos retratados por Velázquez alrededor de 1630-1632.

Lo de que se correspondía con retratos hechos en Madrid se salía un poco de la teoría sevillana de Prosper; en Madrid, Velázquez ya es otro, pero diez años arriba o abajo tampoco pueden echar por tierra las otras premisas.

Por curiosidad, me dispuse a buscar el lote 321 y el lote 323. En la ficha aparecía que era una subasta de pinturas de maestros antiguos, puse en el buscador «Spanish old master paintings + Sotheby's + december + 321». De algo sirvieron los tres años en la facultad de documentación de Murcia.

El lote anterior, es curioso, era una copia, *after*, de un detalle de un retrato ecuestre de Felipe IV, de Velázquez. Imagino que sería otra la que despertó el interés del amigo comprador de Prosper. El lote 323 me pareció una maravillosa carambola del destino; era un San Francisco rezando, atribuido en 1973 a Velázquez, a sus primerísimas obras, en 1617 o 1618, pero finalmente catalogada como salida de alguien del taller de Herrera el Viejo. El mismo con el que el jovencísimo Diego no congenió, el maestro malhumorado o demasiado exigente, culpable de su llegada al taller de Pacheco. Me pareció poético; el amigo estaba interesado en una obra de alguien que, sin pretenderlo, y si muchos estudiosos no se equivocan, cambió la historia del arte; el trato recibido le hizo buscar consuelo con otro maestro. Y ahora, cuatro siglos después, gracias a él, quizá se descubría una obra del pupilo al que no supo apreciar.

Son estos pequeños e intrascendentes descubrimientos lo más divertido de intentar resolver el enigma. Lo mejor no es terminar el puzle, lo mejor es encontrar, de repente, una ficha. Para mí, un puzle completo es el principio del fin, lo admiras un rato, te sientes orgulloso de lo logrado, pero empieza a perder interés. Son los pequeños hallazgos relacionados con el destino los más placenteros. El taller de Herrera el Viejo, uno de los pocos lugares donde Velázquez no fue feliz, en el lote siguiente al retrato de una chica que lo vio llegar cabizbajo a otro taller.

> *Nota mental. Escribir a Sotheby's preguntando más detalles de esta subasta.*

—Mira —continuó Prosper desde la nota de voz—, entonces, al ir pasando pantallas para llegar a la obra de mi amigo me detuve en esta, me sentí conmocionado, como si hubiese tenido una revelación. Si fuera muy creyente, te diría una aparición. Ya te he dicho que me guío por instinto, y el instinto me hizo detenerme y respirar hondo, y saber que esa cara, ese rostro, esa mirada eran diferentes. Estaba ante una obra diferente. Me volví loco, no voy a negártelo, yo no tenía dinero. Le dije a mi amigo que se olvidara de la otra, tenía que pujar por esta. Si alguien había experimentado lo mismo que yo al verla, su precio podía subir demasiado. Me hizo caso, de las doce mil libras estimadas subió algo; al cambio, y con las comisiones, se cerró en unos treinta mil euros. Poco tiempo después, mi amigo quiso deshacerse de ella; necesitaba dinero. Yo no quería perder el rastro de la chica, le propuse comprársela en el precio pagado por él y a plazos. Y así fue como termino aquí. Es mi gran compra, mi gran hallazgo, mi descubrimiento, es como mi ojit...

La nota de voz se pausó al recibir una notificación de correo electrónico, era de Santi.

> *Hola, Carlos,*
>
> *Te adjunto el informe técnico de la pieza que me dice Prosper has solicitado; he tardado un poco al tener que escanearlo. Espero te sea útil. Un saludo y hasta pronto.*
>
> *PD. Ya me dirás tu impresión al ver el cuadro, una lástima que tu visita a Prosper haya coincidido con mi viaje a Berlín. Hablamos cuando quieras.*

Estaba impresionado con la colaboración y predisposición de Prosper y Santi, y su confianza. Ya tenía el informe completo en mi poder. Tiempo después de mi primera toma de contacto sentía que la investigación arrancaba en serio. Eran cincuenta y cinco páginas de las cuales cuarenta correspondían a fotografías del antes, el durante y el después de la breve intervención realizada. Estaba fechado en 2006 y lo firmaba una profesional reconocida.

Por inercia, introduje en el bendito buscador de internet el nombre de la restauradora. Existía, sí, existía; si todo era una broma, era una broma muy buena. En el enlace profesional en LinkedIn, la foto de perfil es una de las fotografías del informe, la de la página 43, una macrofotografía del ojo derecho de la muchacha donde se aprecian con tanto detalle las grietas, los surcos, las pupilas que no me extraña su elección para ese perfil, pues le debió coger cariño; era una imagen de 2006. O no había renovado mucho su LinkedIn o ya no ejercía. Tendría que llamarla.

El índice se dividía en dos apartados, el primero a su vez en otros tres: la ficha técnica, el examen organoléptico, palabra que tuve que buscar en el diccionario*, y el proceso restaurador con sus conclusiones. El segundo apartado era exclusivamente fotográfico.

En la ficha técnica, donde Juana está bautizada como *Retrato femenino*, ya se consigna como fecha de su creación la primera mitad del siglo XVII. Mi natural ansiedad me llevó de inmediato a las conclusiones antes de pasar por ese examen destinado a captar lo «percibido por los órganos de los sentidos», que en el caso de Prosper fue el corazón claramente.

> CONCLUSIONES:
>
> La intervención sobre esta obra de gran calidad y belleza ha sido guiada por el objetivo de recuperación de la obra original tal y como se nos presenta

---

* Diccionario de la Real Academia Española: organoléptico, ca. Del gr. ὄργανον *órganon* 'órgano' y ληπτικός *lēptikós* 'receptivo'. 1. adj. Que puede ser percibido por los órganos de los sentidos.

sin «maquillar», y a la vez poder dilucidar los pormenores técnicos de la obra.

Pictóricamente es una obra solucionada con rapidez y soltura, en la cual toma importancia el rostro, dejando en un segundo plano la vestimenta. De delicadas veladuras en las carnaciones e impronta muy personal en el recorte en gris claro, recurso utilizado para voluminizar la figura y realizado para crear un efecto atmosférico a distancia.

A pesar del aplanamiento de texturas y empastes, sería interesante analizar la grafía del pincel (fijándonos sobre todo en el brillo en forma de zigzag en el pelo a la derecha, las líneas decorativas en el cuello del vestido y los intrigantes lazos en los pendientes). La factura del rostro es de una gran simplicidad y frescura; la carnación, de gran sensualidad, denota gran habilidad del autor, contrastando sobremanera con el tratamiento del ropaje, que sin duda por su factura, observada con lupa binocular (craquelado y gama cromática), corresponde a la misma mano. Digamos que es una cuestión de interés del pintor: le interesa en extremo el rostro, no así el torso, que es absolutamente secundario.

Como peculiaridades técnicas, cabría señalar el tono almagre vivo, casi rojo, de la preparación, que, aunque usual como tono de preparación en la escuela española del siglo XVII, no es habitual que sea tan claro e intenso, siempre tendiendo a tonos más oscuros. Por igual, la imprimación intermedia en gris plateado, que pretende llenar de luminosidad la obra, debiera ser un rasgo muy personal del autor, ya que no es frecuente encontrar dos tonos de preparación en obras de esta época y escuela, puesto que dotan de complejidad la ejecución. Lo más interesante, desde nuestro punto de vista, es el recorte de la figura pintando el tono oscuro de fondo sin llegar a tocarla, de manera muy espontánea, sin meticulosidad, quizá incluso con cierta torpeza en algunas zonas (lo normal sería justamente al revés: aplicar un tono claro sobre el fondo superponiendo a este la figura o recortar directamente con una pincelada clara).

Obviamente, la paleta del artista también habla de su personalidad; aunque los pigmentos utilizados sean comunes al periodo al que pertenece, sí se debe tener en cuenta lo restringido de su paleta.

Nuestra recomendación es someter la obra a un estudio exhaustivo en pro de dilucidar la autoría, ya que la presuponemos de gran calidad. En cuanto a poder finalizar el proceso de intervención, recomendamos la eliminación del reentelaje (estudiando previamente de manera concienzuda su viabilidad) y la reintegración pictórica de carácter ilusionista en la figura y criterio arqueológico en el fondo.

Me iba a faltar tiempo para ordenar tantas ideas. ¿Qué es eso del tono almagre? Sí, era un rojo, pero serviría de pista; ¿debía apuntarlo por si algún día me atrevía a consultar a algún especialista de un gran museo para que me diera su punto de vista? Aunque eso me daba una mezcla de pudor y miedo, después del jarro de agua fría recibido por parte de mi amigo galerista. Ya llegará la desilusión, no hay ninguna necesidad de precipitarla. Por primera vez en mi vida, no iba a adelantar acontecimientos, me proponía disfrutar del momento y no pensar siempre en que el futuro tiene preparada alguna de las suyas y por tanto es mejor no recrearse en un presente relativamente dichoso. A estas alturas nadie me había dicho que era imposible que fuese un Velázquez, por tanto toca vivir con el deseo de que pueda serlo.

Así pues, el pudor, o más bien la vergüenza, es por eso; vaya bochorno cuando reciba las miradas inmisericordes de los mayores expertos. Y el miedo a lo comentado antes, al más que previsible pinchazo de esta burbuja. Lo pasaba bien buscando y rebuscando en archivos —bendita digitalización—, invirtiendo horas leyendo sobre herencias, testamentos, subastas, tipos de pinceladas y ahora pigmentos.

El almagre es un óxido de hierro fácil de encontrar en la naturaleza, pero lo interesante, en mi cabeza, es la capacidad para dotar de vivacidad y calidez a la superficie. Encima, el almagre de Juana era relativamente extraño por su intensidad, ayudaría eso a la sensación que se experimenta cuando se está delante de ella, a esa familiaridad, a esa calidez. No sé si era un hilo del que poder tirar, pero el almagre y la imprimación intermedia en gris claro iban directos a mis notas del móvil para consultarlas cuando llegara la ocasión.

Leer en las conclusiones lo de una obra de gran calidad ya era una pequeña victoria; puede ser de cientos de artistas, pero si es de gran calidad, el círculo se reduce. En aquella Sevilla del XVII había muchos, pero no todos eran buenos. Volví al principio del informe técnico y, ojo, de restauración. Una restauración destinada finalmente a eliminar todos los retoques y repintes añadidos al cuadro a lo largo de los años, y que tienen que ver sobre todo con el fondo; por fortuna, nadie se atrevió con el rostro.

Ahorraré los detalles pormenorizados de los quince folios y el aluvión de datos sobre barnices, capas, brillos, óleos y resinas, pero subrayé una afirmación que no puedo dejar de reproducir dentro del apartado de «capa pictórica»:

> Confirmamos la paleta del autor, absolutamente restringida: blanco, rojo, ocre, sombras, negro y azul (para determinar su composición sería necesario análisis de los pigmentos, aunque no nos ofrecen dudas, por lo cual no lo consideramos necesario), blanco de plomo, bermellón, tierras de óxido de hierro, azul ultramar.

Se han realizado cientos de estudios sobre los materiales y los colores utilizados por Velázquez en su producción, variables conforme depura su técnica y viaja de Sevilla a Madrid y, por supuesto, a Italia. Pero si hay una obra de arte delante de la que he estado tiempo, muchas veces a solas con el museo cerrado, es la de *Las meninas*. La he observado desde todas las distancias posibles, la he mirado de cerca, muy de cerca, bordeando la legalidad permitida, y al leer ese párrafo del informe me golpeó, como si se tratara de un instante que permaneciera agazapado en mi mente esperando su momento, la imagen de la paleta del pintor, la que sostiene con la mano izquierda mientras con la derecha se dispone a mojar su pincel en algún color, parece que el blanco. Y eso es lo que se dibuja en mi cabeza, esa paleta, esos colores; cierro los ojos y los veo: está ese blanco, hay negros, rojos, creo. Inmediatamente busco la información correcta, porque el pensamiento la mayoría de las veces se construye de reminiscencias moldeadas por el paso del tiempo y en ocasiones a nuestro antojo, y el antojo casi siempre es traicionero al estar destinado a satisfacernos; quiero decir que muchas veces reescribimos el recuerdo para completar el argumento anhelado. Dicho esto, no hay duda y existe mucha información al respecto: los colores en esa paleta son blanco, rojo, ocre, negro y azul ultramar. Sería bonito pensar que, de alguna manera, en una obra destinada a la eternidad el artista quiso hacer un homenaje a los colores de su juventud. Sus gustos fueron cambiando, no en exceso, hizo del negro de hueso su mayor aliado, mezcló azul y amarillos para los verdes; evolucionó, claro, nadie conquista la corte sin evolucionar.

En lo de «la paleta absolutamente restringida» está casi todo el mundo de acuerdo. Lo vi por primera vez no hace mucho en un viejo, viejísimo documental alojado en la web del Museo del Prado, titulado *La paleta de*

Velázquez, de Manuel Hernández Sanjuán. Muy al principio se dice: «Velázquez, pintor de reyes, es el rey de los pintores... Un punto concreto de su técnica es su paleta, considerada por alguno llena de secretos; no hay secretos, la paleta de Velázquez es extraordinariamente sencilla...».

Recibo otra notificación de mail. Es de nuevo Santi; es extraño, son casi las doce de la noche.

> *De: Santi* M.
> *Para:* Carlos del Amor.
> *Asunto: anexo al informe*
>
> *Estimado Carlos,*
>
> *No te enviamos el informe completo. No sé cómo, pero no se escanearon todas las hojas, te mando las restantes, quizá despierten tu curiosidad. Son los resultados de los análisis de rayos X. Aunque probablemente te hayas dado cuenta observando las fotografías —el dosier fotográfico sí se envió completo—, hace alusión a la figura existente debajo de Juana. Hubo otra cara pintada debajo de la obra actual. La analista da algún detalle:*
>
> Realizamos placas radiográficas que desvelan un retrato subyacente de apariencia masculina que el artista, parece ser, aprovechó magistralmente para elaborar el visible, siendo muy parecidos rasgos y posición. Restos de lo que parece un cortinaje en el fondo a la izquierda que se entremezclan con brillos a base a plomo (alta densidad radiográfica)

> que pudieran rematar quizá un sombrero de campaña o tocado; y la parte de la mitad inferior del lienzo, totalmente inexistente, sin materia pictórica, siendo visible el tejido original y mostrando las lagunas estucadas en restauraciones antiguas (otras de gran densidad radiográfica probablemente tapadas a base de pigmento de plomo, zona inferior izquierda).
>
> La hipótesis es que se trata de un lienzo aprovechado por el autor, ya en mal estado en el momento de abordar la obra visible, por accidente o por raspado intencionado del autor.

No sé si eso ayuda o no, la reutilización de lienzos es algo habitual en la historia del arte, se economiza y más en los talleres, lugares, a menudo, dedicados a la práctica y al ensayo error. Desconozco si esto facilitará o no el desarrollo de esta historia, pero en mi fuero interno pienso en que algo de misterio añade: una cara oculta detrás de una cara ya de por sí enigmática. Imagino a un Velázquez joven pintando a Juana en el taller, echando mano de una tela ya pintada sobre la que realizó una práctica. No será Juana, no será un Velázquez, no será esta una investigación coronada por un gran descubrimiento, pero a cada paso, cada nueva noticia sobre el cuadro provoca en mí una curiosidad mayor. Volveré sobre la radiografía, bueno, volver tengo que volver sobre muchas cosas.

10

Juana y Diego jóvenes

Alonso Cano había entrado al taller de Pacheco tiempo después de hacerlo Diego, entablaron una estrecha amistad, se admiraban y compartían inquietudes y ansias de conocimiento. Por eso no era de extrañar que Cano percibiera la relación tan especial existente entre Diego y la hija del maestro. Un día le interpeló directamente advirtiéndole del posible enfado de Pacheco ante esa complicidad y esas miradas tan explícitas. Le tranquilizó la sangre fría de Diego, ya estaban prometidos; solo esperaban el mejor momento para hacerlo público y ese momento sería después de examinarse del oficio. Aquel amor estaba casi escrito, habían pasado la niñez juntos, era inevitable.

A Cano le produjo ternura cómo ese chico, casi hombre ya, tan seguro de sí mismo, parecía otro al hablar de Juana y contarle, por ejemplo, su primer día en el taller y cómo Pacheco le explicó lo bien que pintaba la niña y cómo ayudaba en las tareas e incluso hacía de modelo cuando era necesario. No sería la última vez que escucharía de boca de Diego recrear la escena de las primeras miradas, las sonrisas cómplices y sonrojadas. Eran unos niños, pero eran los dos únicos niños en un mundo poblado por gente mayor. Ella le cogió inocentemente de la mano y le mostró todos los secretos del taller.

Juana se convirtió en la mayor aliada para un Diego que, pese a la madurez adquirida, no dejaba de ser un joven algo asustado ante tanto cambio. Debía acostumbrarse a una vida familiar sin su familia. Convivir es un verbo algo traidor, tiene una connotación positiva, nos lleva a la convivencia, pero también implica algo de obligatoriedad, de retorcer el día para hacerlo armonioso. Debemos aprender a convivir, se nos dice desde que tenemos uso de razón, y el hecho de tener que aprender lleva implícito ya algo imperativo. Convivir requiere un esfuerzo extra, no es simplemente vivir, se le añade una raíz que altera por completo su significado y alcance. Un niño, a la edad de Diego, debe vivir, la convivencia llegará de forma natural, pero si se le saca de su zona de confort, como fue el caso, debía vivir al mismo tiempo que convivir, asumiendo un rol para el que quizá todavía no estuviese preparado. Convivir tiene algo de obligación, sobre todo si toca hacerlo alejado de las personas más cercanas. Convivir en ocasiones cansa porque no se come, se habla, se bebe, se traga, se va al baño o se duerme igual si nos sacan del círculo de confianza. A convivir con naturalidad se llega después de bastante tiempo viviendo.

Juana fue fundamental para que convivir y vivir se fusionaran durante aquellos años. Nada parecía artificial en aquella niña que se tomaba la vida, y por tanto la pintura, como un juego y sabía quitar solemnidad a las, en algunos casos, duras normas impuestas por su padre en el día a día.

Diego convivía en ese taller en el que era casi un miembro más de la familia. Se sentaba a la mesa con ellos y empezaba a asistir de oyente a las charlas y coloquios convocados por Pacheco con lo más granado de Sevilla.

Juana y Diego fueron creciendo casi sin darse cuenta, como hemos crecido todos, de una forma inapreciable para el ojo cercano, pero contundente para los que observan desde fuera. Pasaron de niños a jóvenes sin apenas separarse, siendo capaces de entenderse con una mirada.

No hay documentación al respecto, pero no cuesta imaginar los días felices de ambos en el taller del maestro. Todo estaba por hacer. En la vida siempre hay un momento en el que todo está por llegar, ese espacio vital irrecuperable donde uno podría vivir siempre, algo que paradójicamente significaría renunciar a vivir lo que aguarda conforme doblamos las esquinas de los años. Es ese periodo inacabable hasta que acaba donde habitamos un tiempo siempre despejado. En esa sensación de calidez transcurrieron esos años de enseñanza y amor o, por expresarlo con mayor precisión, de amor más enseñanza. Y un día, lejano ya de la niñez y de casi todo, llegó el primer beso.

La pareja hacía todo lo posible por encontrarse, conocían perfectamente y con algo de anticipación los movimientos del otro. Si Diego necesitaba moler, Juana, casualmente, necesitaba el mortero e iba hacia el mismo rincón. Si ella mezclaba algún color, él acudía a cotejar una tonalidad. Creían pasar desapercibidos, pero nadie era ajeno al cortejo, al menos el círculo más cercano. El amor, a determinadas edades, no se puede esconder.

El momento más incómodo —incómodo no sería el término, porque también era divertido— siempre era el del posado. Ya hemos contado que Juana hacía de modelo para Diego y compañía. La habían pintado desde niña decenas de veces, pero ahora era diferente. Apenas aguantaba las risas, imposible disimular. Cuando se posa, la modelo, o el modelo, pierde la mirada en un punto muerto de la estancia, una pequeña grieta en la pared, una mancha de pintura en la columna, una marca de referencia para fijar allí nuestros ojos y entrar en una especie de letargo solo interrumpido por instrucciones a las que se da cumplimiento de manera casi mecánica. Diego jugaba durante los posados de ella, le pedía constantemente girar la cabeza, subir el mentón, dejar de pestañear. Se levantaba y acercaba demasiado con la excusa de observar el ojo, medio pardo, medio azulado, dependiendo de la luz entrante. Ella contenía la risa e inevitablemente le cambiaba la expresión para disgusto del resto de los aprendices. El joven Casas, llegado hacía unos meses y poco hablador, fruncía el ceño y Alonso Cano murmuraba.

Un día, después de varias horas trabajando y mientras se limpiaban los restos de pintura, su amigo le insistió para que hablara con Pacheco. Si se enteraba por otros, sería mucho peor, debía saberlo por su boca, confiaba en él y se lo tomaría como una traición. En Sevilla los rumores corrían siempre más rápido que las palabras y la reputación de Pacheco estaba construida sobre certezas, no sobre chismes. Diego aceptó el consejo, hablaría con él al día siguiente.

Al retirarse para descansar sintió que bajo ese techo había construido otra familia, había encontrado un segundo padre, un nuevo hermano y ahora una mujer. Dio las gracias por ello, e incluso al pensar en Herrera bendijo su carácter; si le hubiese tratado bien, quizá jamás habría llegado a conocer a Pacheco. La lámpara de aceite dibujaba sombras en el techo, claroscuros caprichosos que Diego intentaba descifrar para algún día trasladar a las telas. La luz y su contrario es lo más complejo de pintar. Puedo dar forma a rostros y cuerpos, pero a todo lo baña lo mismo, la luz y la oscuridad, y es ahí donde se diferencia un buen artista de un artista genial. Cuánto había oído hablar de Caravaggio y de Ribera y su forma de contrastar lo visible con lo invisible. La luz intermitente de la llama alteraba el rostro de una joven Juana pintada por él, la tenue oscuridad dotaba de un dramatismo novedoso a la muchacha. En la luz y en la sombra está el verdadero misterio de la pintura. Por lo menos la lámpara le había servido para abrazar el sueño e intentar paliar preocupaciones.

Juana, de apenas catorce años, no concilió el sueño esa noche ni muchas de las que vendrían después. Su padre no iba a ser obstáculo para la boda, le tenía un enorme aprecio a Diego: «El mejor aprendiz que haya tenido nunca», llegó a decir en varios momentos. No podía ser más feliz.

Tengo una teoría, nada científica y por tanto con poco sustento, que podríamos bautizar como «felicidad evolutiva». Consiste en un tipo de felicidad que nunca consideramos el tope, es esa felicidad todavía falta de algo que nos empeñamos en retorcer buscando la plenitud, si la plenitud existiera. Con frecuencia, cuando damos el paso en busca de la plena felicidad y fracasamos, nos damos cuenta de lo felices que éramos sin ser plenamente felices. No sé si me explico, es una búsqueda continua por mejorar sin sopesar el retroceso. No me vale el ochenta y cinco por ciento de felicidad, quiero el cien, y por ir a por el cien termino infeliz.

A Juana esa noche le entró el miedo y, sin saberlo, pensó en la felicidad evolutiva. En duermevela consideró que la seguridad de la casa de sus padres, del taller, del reconocimiento —pero no fama— de Diego eran motivos suficientes para ser feliz. No necesitaba nada más, ni los planes en la corte de los que hablaba su padre con su amado, ni los futuros viajes a Italia, ni nada de nada. La felicidad era posar y aguantar la sonrisa. ¿Sería mejor lo que estaba por venir? Acaso no hay un límite. Ella sabía de la ambición de Diego, de sus ganas de notoriedad, de su simpática fanfarronería. Todo era lógico, sus orígenes humildes le hacían estar siempre en constante búsqueda, en una pelea consigo mismo y contra el destino; afirmaba que le debía a su padre triunfar, ese padre con tantos hijos que intentaba colocarlos donde pudiera, si a cambio los alimentaban e instruían.

Aprobar el examen del gremio de pintores, establecerse por su cuenta, dejarse seducir por Madrid supondrá un enorme cambio que también pondrá a prueba la grandeza de su amor. ¿Y si solo era una cosa de críos y, en vez de amor, lo suyo es costumbre? Prácticamente no han conocido a nadie más, se llevan mirando más de cinco años, viéndose y buscándose cada día. A veces somos felices por desconocimiento, por no saber que existen otras maneras de serlo. ¿Estamos renunciando a la felicidad cuando somos relativamente felices? ¿Debemos ser inconformistas e ir a la caza de una felicidad utópica dejando de lado la felicidad cómoda y segura?

Juana quería la felicidad de esos años, no necesitaba una forma exuberante de felicidad, se conformaba con la que tenía a su alcance.

***

Como vengo dejando patente, el nombre de Velázquez y cosas relacionadas con su universo se cruzan a menudo en mi día a día más de la cuenta. La última es apasionante y capaz de generar debates acalorados. Probablemente, cuando un lector del futuro repase estas páginas, ya no habrá controversia, será algo superado o normalizado, pero en este preciso momento todavía suena a ciencia ficción y no se tiene claro su desarrollo. Un artista, Fernando Sánchez Castillo, con ayuda de la inteligencia artificial, ha recreado la obra *La expulsión de los moriscos*, un cuadro de Velázquez que hizo cenizas el incendio del Alcázar de Madrid en la Nochebuena de 1734. Aquel lejano día, en plena Navidad y en plena noche, el real sitio empezó a arder; dentro, obras de arte de esas que cuando no sabemos cómo calificarlas decimos que «son de valor incalculable», entre ellas *Las meninas*, arrojadas por una ventana y salvadas de las llamas. *La expulsión de los moriscos* corrió peor suerte, y ahora, en pleno siglo XXI, reviven. La inteligencia artificial no es capaz de crear algo de la nada, es lista, pero no es un dios, necesita información para empezar a trabajar, un punto de partida sobre el que construir hipótesis, algo a lo que agarrarse; en el fondo, no difiere tanto de muchos de nosotros, que necesitamos «un algo» para poder echar a andar, en mi caso el mail de Santi y la posibilidad de recrear la historia de amor de dos jóvenes del siglo XVII. Sánchez Castillo pudo echar mano de la descripción que en su día hizo del cuadro Antonio Palomino, fuente inagotable de información y conocimiento. A la inteligencia artificial se le metió un texto parecido a este: «En el medio de este cuadro está el señor rey Felipe III armado, y con el bastón en la mano señalando a una tropa de hombres, mujeres y niños que, llorosos, van conducidos por algunos soldados, y a lo lejos unos carros, y un pedazo de marina, con algunas embarcaciones para transportarlos... A la mano derecha del rey está España, representada en una majestuosa matrona, sentada al pie de un edificio, en la diestra mano tiene un escudo y unos dardos, y en la siniestra unas espigas, armada a lo romano...», y además una imagen de lo que casi seguro es un boceto del retrato del propio Felipe III descubierto hace unos años. Con esas premisas y mucho más trabajo, claro, ante nosotros aparece la imagen de un cuadro desaparecido hace más de doscientos cincuenta años...

En mi subconsciente aparecen varios pensamientos; alguno más que aparecer, reaparece. Reaparece la idea de lo difícil que es seguir el rastro de un cuadro y que ese cuadro haya sobrevivido. Si hoy podemos admirar *Las meninas*, es casi un milagro, un milagro provocado casi seguro por personas que amaban el arte. Amaba el arte quien lo arrojó por una ventana en aquel incendio o los que idearon su salida de España en la Guerra Civil. Oye, ¿y si esta dama que nos ocupa estaba en ese Alcázar, alguien la lanzó también por la ventana y ahí se perdió su rastro? Improbable, pero quizá alguna aventura parecida podría contar si hablase.

Ver la recreación de *La expulsión de los moriscos* también me ha hecho fantasear con la posibilidad de que la inteligencia artificial fuera capaz de recrear la imagen de Juana Pacheco; no hay descripción de ella, ni una obra en la que el Antonio Palomino de turno escriba algo tipo: «La mujer, Juana Pacheco, esposa de Velázquez, de rubios cabellos, ojos grandes y mandíbula ligeramente hacia dentro, mira a su izquierda...». No hay un texto que podamos arrojar a la inteligencia. Aun así, y pese a mi inexperiencia, lo intenté.

«Crear una imagen de Juana Pacheco, mujer del pintor Diego Velázquez». Nada. El resultado fueron diferentes rostros con estilo pictórico sin gracia alguna. Perdón por esta parrafada, pero la inteligencia artificial va a jugar un papel importante en el arte que verán las generaciones venideras, y cuando algún día aparezca un documento donde se dé una breve descripción de Juana o de cualquier personaje de la historia carente de rostro, esa nueva tecnología será la encargada de ponérselo y de crearlo para el imaginario colectivo.

De todas formas y volviendo de nuevo a la realidad «artificial», es tan extraño no tener un retrato de Juana, unas palabras sobre su apariencia física... ¡Su marido vivió con ella desde que era un crío y era pintor! Cómo no practicar con ella.

En las notas del móvil escritas para intentar no olvidar cosas pendientes apunté lo de insistir a Sotheby's España. Habían pasado varios meses y seguía sin tener respuesta alguna. Ni de ellos ni de sus matrices extranjeras. Les había escrito varios correos, había insistido por teléfono para que me dieran más detalles de esa primera subasta. Esa vía parecía condenada a morir sin tan siquiera haber empezado a transitarse. No entendía la razón de ese silencio, era una petición inocente. Quizá las casas de subastas se pongan nerviosas en cuanto oyen hablar de «rastro», «atribuciones» y demás términos por los que suelen protagonizar crónicas en los periódicos. Insistiré una vez más, no pierdo nada.

11

Prosper

Durante mis viajes a Barcelona, que en aquel invierno eran más frecuentes de lo habitual por compromisos variados, intenté sacar siempre algo de tiempo para ver de nuevo a Prosper. Ya no me interesaba hablar tanto del cuadro como tratar de averiguar más datos biográficos suyos y trazar el perfil del personaje novelesco que desde el primer momento sentí que tenía delante, pero siempre fracasaba en el intento. Prosper es, a su manera, reservado y poco dado a tener el foco, pese a querer estar bajo la luz. Él me localizó para contar la historia de ese cuadro, y no me cabe duda de que, si el autor del cuadro, no digo ya el autor y la protagonista, fuese quien él afirma, querría su nombre inscrito en algún libro de arte para concluir su venganza contra todos aquellos que nunca le escucharon y lo miraron por encima del hombro, como si se tratase de un loco o un charlatán en busca de popularidad. Y lo puede parecer, puede ser esas dos cosas, pero el hombre sabe de arte y, sin ser un afamado crítico ni un erudito, ha ido construyendo un universo lleno de conjeturas que formuladas por otros serían objeto de debate. Pero él no es nadie, ni nadie ha querido escucharle hasta ese primer día mío en el despacho de la asesoría para extranjeros donde estuve con él y con Juana. Durante nuestras conversaciones, yo intenté girar hacia lo personal y él no se prestó. Sí, sabía lo de su pasado con los sellos, pero nada sólido para describirle. Aparte del de Velázquez, me consumía el misterio de Prosper. Decidí recurrir a Santi para empezar a desvelarlo.

—Santi, necesito conocerle más, necesito información. Te propongo una cosa, tú tienes su confianza ganada. Siéntate con él un rato y que sea el propio Prosper el que se describa, o se lo escribes tú. Pero lo necesito.

***

Pasaron dos semanas hasta recibir un nuevo mail de Santi.

De: Santi M.
Para: Carlos del Amor
Asunto: breve perfil biográfico de Prosper.

Estimado Carlos,

Te envío un adjunto con algunos detalles biográficos de Prosper. Son simbólicos y recogen su espíritu intrépido, libre y autodidacta. Espero que te puedan dar una buena idea de su carácter. Lamento no haber conseguido que fueran más concretos, Prosper así lo ha querido. Realmente es un personaje de novela...

Por cierto, me ha recordado que te diga que para interpretar bien a Velázquez es necesario derribar algunos muros construidos sobre su amigo y también genial Alonso Cano.

Miraremos de contactar con el profesor de la Universidad Complutense del que hablamos y que nos dé más opiniones enriquecedoras al respecto.

Recibe un saludo cordial.

Santi M.

Hice clic de inmediato en el adjunto titulado casi como el asunto del correo: «Prosper, biografía simbólica».

PERFIL BIOGRÁFICO:

Prosper nace en París, en 1945.

Diletante de las artes (en el buen sentido) como meta de vida.

Profesional del coleccionismo, crítico de arte e investigador nato.

Es autodidacta y *outsider*.

Filósofo y poeta en la sombra.

Buscador del perro verde y de gatos de tres y cinco patas.

Ha pasado media vida montando y desmontando colecciones de sellos en Europa y viajando con comerciantes y expertos hasta que a finales de los setenta se hartó de aquel universo.

Se ha interesado toda la vida por «cosas que eran extrañas, curiosas y enigmáticas».

Ha descubierto rarezas que estaban escondidas y menospreciadas.

Intentó ayudar a artistas contemporáneos haciendo de modesto mecenas y fracasó muchas veces por falta de simbiosis con los artistas.

Habiendo pintado en su juventud, lo dejó al ver que otros lo hacían mucho mejor.

Siempre se ha centrado en hablar de temas poco hablados, evitando repetir las voces de los demás, circunstancia que le ha llevado a quedar relegado a navegar contra las corrientes generales, comportando a veces una gran soledad.

Gran defensor de la originalidad y rareza de las cosas, llegando a afrontar contratiempos por no entrar «en el coro de lo ya asumido», buscando la verdad en el caos de la historia.

Uno de los dramas de su vida es no haber podido compartir suficientemente lo que iba descubriendo. Es el fruto de la soledad intelectual.

Siempre inquieto, no para de investigar sobre asuntos históricos para ampliar sus conocimientos y abrir el abanico de muchos misterios.

Autodidacta rabioso, se permite saltar los protocolos de la rutina del mundo del arte.

Observa con atención la peculiaridad de las obras con la obsesión de un detective más que de un historiador. Sus mayores maestros no son los grandes gurús de la historia del arte, sino el teniente Colombo, Sherlock Holmes, Hércules Poirot y el inspector Maigret. Este sistema le permite resolver enigmas ignorados por la historia consagrada y conformista.

ADEMÁS:

Ha comisariado más de treinta exposiciones, entre otras, un importante homenaje a Walter Benjamin (en conjunto con J. Lluís de Yebra), exposición itinerante a partir de 1994 en Portbou, Girona, Bremen, Múnich, Varsovia, Lisboa (Instituto Cervantes), Andorra (Sala del Gobierno), Bilbao y varias ciudades catalanas. En esta magna exposición participaban más de cien artistas como Tàpies, Chillida, Gordillo, Brossa, Cuixart, Genovés, Hernández Pijuan, Ràfols-Casamada, Guinovart, Tharrats, Bartolozzi, Arranz Bravo, Montserrat Gudiol, Clavé, etc.

En 1996 comisaría una exposición sobre Picasso y su relación con un fresco visigótico de Campdevànol (Girona).

Ese mismo año realiza exposiciones colectivas de arte caótico y publica una parodia de manifiesto en forma de «periodicucho» sobre el arte y el caos en el arte. Siempre a contracorriente y con patrones revolucionarios (Hemeroteca *El País*, *La Vanguardia*, *Diari Avui*, *ABC*, etc.).

En 1997 realizó otra exposición sobre Picasso y *El bestiario* de Apollinaire con concreciones hasta la fecha inéditas.

Ha impartido más de veinte conferencias con aportaciones nuevas sobre Velázquez, Alonso Cano y Picasso.

Desde 1989 ha realizado estudios específicos sobre Alonso Cano, uno de los artistas punteros del Siglo de Oro español (con Zurbarán, Velázquez y

Murillo). Cano es considerado sin excepción como el mejor dibujante español del siglo XVII. También fue brillante escultor y arquitecto, denominado «el Miguel Ángel español».

Investiga en la zona desconocida de la primera etapa de Velázquez en el taller de Pacheco. Abre una ventana en el tiempo de formación del joven genio sevillano.

El 2004 tuvo la perspicacia de encontrar en la subasta de Sotheby's Londres dedicada al arte español el retrato de «Juana Pacheco», el eslabón perdido de la primera etapa desconocida de Velázquez.

Algunas muestras de temas tratados por él se pueden encontrar en internet buscando en Google por palabras clave como:

Prosper Lebrun + Velázquez
Prosper Lebrun + Alonso Cano
Prosper Lebrun + Picasso
Prosper Lebrun + Guernica
Prosper Lebrun + Picasso en Campdevànol

Guernica l'Antimonument (vídeo de quince minutos, en catalán/castellano)

Como mecenas ha editado:

1991: *Zumbido*, de Gonzalo Rojas (Premio Cervantes 2003 y Premio de Poesía Reina Sofía 1991).

1992: *Los cuerpos de paraíso*, de Juan Carlos Mestre (Premio Nacional de Poesía, 2009).

1992: *Retorno a la piedra*, de Cesáreo Rodríguez Aguilera

1993: *Il·luminats*, con Joan Brossa, Gonzalo Rojas, José Corredor-Matheos y una decena de poetas más.

También algún libro con grabados de Víctor Ramírez.

Prosper tiene una curiosidad sana e insaciable, marginado por culpa de su timidez y excesiva obsesión en proteger su intimidad.

Es también un procrastinador empedernido.

***

El objetivo de Prosper era evidente: encontrar a alguien más o menos famoso para dar a conocer su obra y sembrar quizá en el imaginario colectivo la remota posibilidad de que la joven sea quien dice ser y el autor el, probablemente, más célebre pintor español de todos los tiempos con permiso de Picasso. A mí me daba igual, ya me había metido de lleno en la historia.

Repasando ese currículum, enternecedor por ser parecido a los que redactamos cuando buscamos trabajo, me pareció adivinar a un tipo hecho a sí mismo que encontró en el arte su manera de mantenerse a flote, y no me refiero solo económicamente, hablo de una actitud vital. Un hombre así, sin formación previa, capaz de organizar exposiciones y escribir diferentes estudios, merece un respeto. Porque su manera de afrontar todo es desde el conocimiento nacido de la curiosidad y el afán de aprender.

Es bonito, si bonito es el adjetivo, comprobar la pasión y dedicación de Prosper hacia la obra, como evidencia el informe que elaboró. Lleva casi veinte años con un cuadro de una chica mirándole en un despacho de Barcelona tan alejado de cualquier brillo museístico. Veinte años intentando encontrar detalles a los que poder aferrarse para que su castillo de naipes no se venga abajo. Porque es un castillo de naipes frágil y débil al que un soplido en forma de institución o crítico o historiador con nombre derribaría sin esfuerzo alguno. Es la nada sostenida en la ilusión.

12

El día antes del examen

En uno de mis viajes a Sevilla, con motivo de la cobertura de los premios de la música latinos, los conocidos como Latin Grammys, quise recorrer algunos lugares velazqueños buscando fuentes de inspiración. Ahí estaba yo, plantado, en aquel final de 2023 mientras en Sevilla sonaban en cada rincón canciones de Shakira, Peso Pluma y compañía. Llegué a la calle Gorgoja, ahora calle Luis María Llop; la casa estaba cerrada, llevaba años así, y volví a maldecir lo torpes que somos en ocasiones. En cualquier país —pienso en Francia, claro, que es el primero en el que se piensa siempre en estos casos—, sería un lugar de peregrinación y un motivo para sacar pecho. Aquí, ese edificio de unos quinientos metros cuadrados —se cree que lo compartían varias familias en el siglo XVII— está aparentemente abandonado. Yo estuve ahí hace un tiempo y su interior es mágico, tiene una luz especial, o al menos yo se la veo especial. También me sucedió al visitar la casa de Vicente Aleixandre, lugar por donde pasaron Federico García Lorca y compañía, y condenada a la desaparición. En ambas casas sucedía lo mismo, algo que apuntalaba una de esas teorías mías nada académicas: la luz es algo caprichoso que pueden trasladar determinadas personas con ellas. Hay gente de luz capaz de crear lugares de luz.

La casa donde nació Diego estaba segmentada en muchas estancias, que el paso de los tiempos fue despejando de tabiques. Todo el espacio giraba sobre una galería central que daba a un patio capaz de inundar de luminosidad las paredes, el suelo y todo lo que se interpusiera en su camino. Las escaleras, el suelo, algunas puertas, no sé con exactitud qué era original y qué no, pero había algo en la atmósfera diferente. Recuperando el vídeo realizado para el informativo, recuerdo que la casa pasó de uso familiar en el siglo XX a convertirse en galería de arte primero y taller de Victorio y Lucchino después, para más tarde ser comprada por un empresario con la intención de convertirla en un centro de interpretación de la figura de Velázquez.

Para confirmar qué pasó con ese proyecto se me ocurre escribir a José Carlos, un compañero de la redacción de TVE de Andalucía, conocedor de todo lo que sucede en Sevilla. Me confirma la existencia de dicho centro; a pesar del «aspecto triste del exterior, dentro hay obras», eso sí, «se esperaba su finalización para hace un año y llevamos tiempo sin saber nada». Cuando se trata de cultura todo es para hace un año, y el tiempo va transcurriendo y muchas generaciones se van perdiendo poder disfrutar de un patrimonio envidiable.

Quién sabe si la noche antes de su examen Diego había pensado en aquella casa de su infancia.

***

Velázquez y Juana viajaban a tiempos pasados aquella media tarde de marzo, día previo al examen de Diego. Cinco años habían pasado desde que atravesara la puerta del taller, tiempo suficiente para dejar atrás los niños que fueron y convertirse en dos jóvenes enamorados llenos de planes. Se reían al recordar la preparación de las ollas de cola, el aceite de espliego y la limpieza casi enfermiza de los pinceles. Pacheco nunca trató a Diego como un criado, siempre fue respetuoso, le hablaba como de igual a igual, con cierta autoridad, pero sin alarde de superioridad. Pensaba en Herrera y daba gracias a Dios por haber podido salir de aquella cárcel. Juana insistía en alejar esa figura de su pensamiento, no parecía lo más conveniente con el examen tan cercano, pero hay pensamientos imposibles de rehuir.

Nos sucede a todos. Una de las cosas más complicadas de hacer es engañar a la mente, basta querer no pensar en algo para tenerlo siempre presente. Por eso la sombra de Herrera acechaba aquella tarde, el recuerdo de alguien que causó una de las primeras inseguridades en el siempre seguro Velázquez reaparecía cada cierto tiempo

Esa tarde también pensaba en su padre y en la felicidad dibujada en su cara al ver alguna de sus primeras obras; el viejo no entendía, pero cuando se acercó a *Los tres músicos*, uno de los cuadros realizados en su periodo de aprendizaje, su rostro se transformó. Hay pocas cosas comparables a la mirada orgullosa de un padre.

Diego sabía lo injusto de la situación, él podía examinarse mientras que Juana no tenía derecho a ello, ni por supuesto a ejercer el oficio. Le confesó su admiración y le pidió que en el futuro trabajaran juntos en cada obra.

A Juana todo le parecía bien, pero el miedo la empezaba a atenazar, un nudo en el estómago pensando en el horizonte, en lo próximo, en lo siguiente, en el futuro. La corte, Madrid, el rey, los viajes eran cosas escuchadas en el taller, en conversaciones entre su padre y su prometido, demasiada ambición. Diego la tranquilizaba, no debía pensar a largo plazo, nunca lo habían hecho, vivían al día como se vive cuando tienes pocas preocupaciones o pocas responsabilidades. Si se marchaban a Madrid, todo seguiría igual. Ella asentía, consciente de que eso era imposible; cuando todo cambia, el amor también lo hace. Ahora mismo ella deseaba con todas las fuerzas una vida más pequeña, en Sevilla, pero la historia ya estaba escrita.

***

Aquel ya 14 de marzo de 1617, Diego no pudo conciliar el sueño; durante el insomnio, que duró toda la noche, volvía a aparecérsele Herrera, pero también su padre, y lo más perturbador: personajes indefinidos de caras borrosas y bocas sin dientes riéndose a carcajadas. Intentaba desviar sus pensamientos hacia Juana y a algunos episodios de su relación. Al primer beso en la despensa de materiales al ir a buscar algún aparejo. Ella había cambiado su vida y su suerte. Hacía seis años pensaba en abandonar su pasión, dejar de lado ese don natural con el que llegó al mundo y dedicarse a ayudar a su padre en lo que pudiera, echar un mano e intentar no ser una carga más en el hogar familiar, donde empezaron a ser multitud.

Diego, intranquilo, con el techo de la alcoba cayéndosele encima, dibujando con la mente sobre la cal retratos y paisajes, saltó de la cama con un brinco y decidió salir a pasear. Todos los vecinos dormían en la calle del Puerco, sus piernas le llevaron hasta a esa calle de la Gorgoja, no era mucha la distancia, unos cuatro mil pies, poco más de un kilómetro.

Sevilla entera dormía aquel martes templado de 1617 mientras un hombre deambulaba por sus calles horas antes de empezar a conquistar la historia.

El joven sabía de las altísimas posibilidades de superar la prueba; el examen sería en presencia de su mentor y varios conocidos. Pero siempre puede suceder algo, nunca se debe dar por segura la victoria.

A llegar al número 4 se detuvo y miró con una mezcla de sentimientos la ventana del comedor donde hacía más de diecisiete años su madre lo trajo al mundo. Era el primero de siete.

Recorrió con la mirada la fachada y en su cabeza impactaban sonidos de una niñez feliz, sin holguras, pero feliz.

Volvió a evocar a sus padres y el esfuerzo y los sacrificios realizados para poder estar ahí, para que ese día de mañana llegara como iba a llegar. Un camino largo, complicado, lleno de renuncias y de decisiones difíciles. Era consciente de sus privilegios por ser el primogénito y de cómo su hermano Juan, dotado también de talento para el arte de la pintura, no había tenido las mismas oportunidades solo por nacer con menos de dos años de diferencia. Si él hubiese llegado al mundo antes, mañana ocuparía su lugar. Y el que, por ejemplo, estaría fascinado como lo estaba entonces el joven Diego por Michelangelo Merisi da Caravaggio, que regresó a su pensamiento al ver su propia sombra serpentear sobre los adoquines.

Pacheco, a pesar de su fuerte arraigo a las tradiciones y al manierismo, le enseñaba a manejar los claroscuros; quizá ahí nació su debilidad por Caravaggio. Se sentía pequeño al lado de artistas así, capaces de expresar los sentimientos de manera tan descarnada y tan desprovista de artificios. Hacía unos meses fue con el maestro a ver una copia de la *Crucifixión de San Pedro* que un marchante trajo a la ciudad; esa copia era ya de por sí una obra maestra. En su pesimismo natural, un pesimismo siempre interior y jamás palpable para un desconocido, pensaba que nunca llegaría a ejecutar así una pintura, pero de Caravaggio, y otros, aprendió a tener siempre el propósito de retratar lo más fiel posible a la verdad, aunque en la vida no siempre todo es verdad y por eso hay retratos poco complacientes; suelen ser aquellos que sacan el lado oscuro de quien posa. Esa noche, vagando por las calles, también se hizo la promesa de viajar algún día a Italia y ver con sus propios ojos la obra de ese genio.

Miró de nuevo la casa y, susurrando, le contó a la noche que durante su formación había encontrado también a la mujer de su vida, a la que pediría la mano nada más aprobar el examen. Emprendió el camino de vuelta con la cabeza llena de pensamientos, demasiados pero necesarios.

***

Por las calles de la morería se fue desvaneciendo la silueta de un todavía irreconocible Velázquez, de un hombre al que aguardaban los siglos venideros y sobre el que Prosper, el singular Prosper, volcaría muchas de sus obsesiones cuatro siglos después. Ese joven preocupado e inquieto que vaga por las callejuelas de Sevilla aquella madrugada de 1617 tendría un aspecto similar al de *Retrato de hombre*, obra conservada en el Museo del Prado, una obra anterior a 1623 y considerada por muchos un autorretrato, aunque para otros estudiosos ese hombre sea Juan, su hermano, el otro artista de la familia. Viendo el cuadro en el Museo del Prado, en la misma sala donde habita el de Pacheco, regresan a mí las palabras de Prosper durante nuestro, creo recordar, primer encuentro.

—Carlos, un pintor joven, brillante, que retrata a su maestro, a familiares, a todo el que tiene cerca en esa primera época, ¿cómo no va a retratar a su amada a la que ve todos los días? Es absurdo, no tiene razón de ser.

***

En la sala habían dispuesto un caballete, unos carboncillos, telas en blanco y una escultura cruda, una especie de busto de un angelote. Al fondo, situados en una mesa y alrededor del escribano Pedro del Carpio, reconoció rápidamente a Melchor de Morales y Diego Antonio de Herrera, también escribanos. Al propio Pacheco y a su amigo Juan de Uzeda.

No tuvo problemas para realizar los ejercicios prácticos, para dar color al ángel, para esbozar el retrato de un anciano, tal como le pidieron. Tampoco encontró dificultad para responder a cuestiones sobre materiales, pigmentos, mezclas y preparación de telas. Ahora, seis años después, miraba a Pacheco y sonreía por todo lo aprendido y por las palabras que le dijo el primer día que se vieron, al regresar el maestro de su viaje y aceptarle en el taller, cuando le llamó hijo y le advirtió de que lo trataría como a tal, con el mismo cuidado y la misma severidad. Sería su padre entre esas paredes. En ese momento le explicó con todo lujo de detalles cómo serían los próximos años, lo hacía por cortesía y porque así nadie se llamaba a engaños, cada tarea tendría su tiempo y ninguna sería ignorada, aunque pudiera parecer banal.

—Primero, dominarás el arte de moler, tan necesario para dotar a la obra de la tonalidad necesaria; si molemos mal, nada quedará a nuestro gusto. Más tarde, tendrás que aparejar, es decir, preparar y disponer el soporte sobre el que ejecutaremos la obra, tan importante como el anterior; nada saldrá bien si fallamos en estos pasos. Entonces sí, pasarás a dibujar y a aprender geometría y a componer dentro de una escena. La vida es geometría y orden, hasta la obra de arte más caótica tiene una armonía geométrica. Luego copiarás del natural y es ahí donde empezarás a considerarte pintor, artista. A esos conocimientos prácticos sumarás cada día los conocimientos intelectuales. Tan importante es esto —Pacheco levantó la mano— como esto. —Se tocó la frente—. En la convivencia de ambas está el secreto.

Diego y el maestro intercambiaron miradas llenas de orgullo. Pacheco supo en ese instante que acababa una época maravillosa de su vida y que tenía enfrente a un hombre del que se hablaría siglos.

El joven pintor sabía que sin su maestro nada se hubiese producido. En ese instante, con el papel certificando su oficio en la mano, se sintió con la suficiente fuerza como para pedirle la mano de su hija. No hizo falta terminar la petición, Pacheco dijo sí antes. Él salió corriendo para contarle todo a Juana. Los días, meses y años venideros eran suyos, tan suyos como solo lo son cuando eres joven.

En un fragmento de *Arte de la pintura*, escrito por Pacheco años después, adivinamos el orgullo, en ambos sentidos, que tenía por su yerno:

> Diego Velásques de Silva, mi yerno, ocupa (con razón) el tercer lugar (de famosos pintores de su tiempo, tras Rómulo Cincinato y Rubens), a quien después de cinco años de educación y enseñanza casé con mi hija, movido de su virtud, limpieza y buenas partes: y de las esperanzas de su natural y grande ingenio. Y porque es mayor la honra de

> maestro que la de suegro, ha sido justo estorbar el atrevimiento de alguno que se quiere atribuir esta gloria: quitándome la corona de mis postreros años. No tengo por mengua aventajarse el discípulo al maestro (...).

Velázquez llegó a la calle del Puerco y, antes de doblar la última esquina, empezó a gritar el nombre de su amada. María del Páramo, su futura suegra, salió asustada; al poco, Juana, y él, rodilla en suelo, le pidió matrimonio. Juana, ruborizada, dijo sí delante de numerosos vecinos que dejaron sus casas alertados por las voces.

Era ya 15 de marzo de 1617. Tras pedir matrimonio a Juana, Diego volvió a caminar los pasos que le separaban de su casa de la calle de la Gorgoja. Su padre aguardaba nervioso en el zaguán; no hicieron falta palabras; Jerónima, la madre, lloraba ya antes de llegar a abrazar al hijo, ese llanto exclusivo de algunas personas capaces de conocer la noticia antes de que se la comuniquen. Esas lágrimas que empiezan a brotar cuando ves la cara del de enfrente y adivinas o intuyes lo que saldrá de su boca instantes después. El esfuerzo no había sido inútil, el empeño en que sus hijos aprendieran a leer y escribir, siendo una rareza en la época, tenía su recompensa.

***

Los prometidos se casaron un año después, casi dieciséis años ella, casi diecinueve él. Por delante, cuarenta y dos de matrimonio y de vida, inaugurados por la partida de casamiento que aún conmueve leer:

> *El lunes veinte y tres días del mes de abril del año mil seiscientos dieciocho, yo el bllr. Andrés Miguel, cura de la yglesia del Señor San Miguel desta ciudad de Sevilla (...) desposé por palabras de presente que hizieron verdadero matrimonio a Diego Velázquez, hijo de Joan Rodríguez y de doña Gerónima Velázquez, natural de esta ciudad, juntamente con doña Joana de Miranda, hija de Francisco Pacheco y de doña María del Páramo...*

El casamiento se llevó a cabo en la iglesia de San Miguel y la celebración, en la casa taller de Pacheco, el lugar que vio nace ese amor.

Acudieron las dos familias, artistas como Alonso Cano y autoridades locales y eclesiásticas. Juana bailó e incluso se animó a cantar cuando la invitó Gabriel Díaz. Estaba radiante. Diego era más tranquilo, o soso diríamos ahora, bebía vino, charlaba y discutía con Cano sobre las luces y las sombras. Se conserva un romance de aquel día:

> *Y la fiesta comenzó*
> *vueltos los novios al tálamo.*
> *Beçon cantó diestramente*
> *porque lo es mucho en el canto,*
> *y de música hizo un brindis*
> *más dulce que los de Baco*

porque brindó a una sirena
y el nombre que le he dado
no confesaré que yerro
porque es su cantar encanto
era honesta como bella
y adornada de tal garbo
que a ser señora de mundo
representara el ditado.

La primera vez que leí el poema de celebración tuve la ingenua creencia de que me iba a encontrar con una descripción, no exhaustiva, claro, pero sí algún detalle del físico de Juana. Nada. Pero qué le pasaba a esta mujer que nadie la describe o la pinta. Ella, con toda una vida rodeada de artistas. Sí llama la atención que gran parte del extenso poema está dedicado a hablar de los invitados y de los temas de conversación y tertulias previas a los festejos, así de intelectual y elevado era el lugar y el ambiente donde creció Velázquez.

No tardaría en llegar el primer hijo —hija, en este caso—, un año después. La primogénita sería Francisca, casada años más tarde con Juan Bautista Martínez del Mazo, pintor después de ser aprendiz a las órdenes de Velázquez. La historia se repetía. La segunda hija, Ignacia, murió al año de nacer, borrando en parte la sonrisa perenne de Juana.

Los recién casados se instalarán en una casa en la calle del Potro, que hará también las funciones de taller. Un paso previo y casi protocolario antes de lanzarse a conquistar la corte.

13

Retomando la historia

Durante las Navidades, y debido a diversos quehaceres, dejé un poco de lado la historia del cuadro, aunque Juana regresaba a mi pensamiento con bastante asiduidad. La primera fue al volver a ocupar Velázquez las primeras páginas en los periódicos.

> Salió de España en el siglo XIX y reaparece en Sotheby's. La historia del retrato de Isabel de Borbón, de Velázquez.
>
> Un retrato de Velázquez de Isabel de Borbón sale a subasta por precio récord.
>
> Una oportunidad que se da cada cincuenta años. Un excepcional Velázquez a subasta.

El último titular hacía referencia a la anterior vez en que se subastó un Velázquez de esa entidad, fue en 1970, un retrato de Juan de Pareja.

Es lógico que cada vez que emerge una nueva y hasta entonces desconocida obra del sevillano a mí me dé un pequeño vuelco el corazón. En mi interior —el interior optimista, se entiende— se esconde la posibilidad de que Juana, o quien quiera ser, sea una obra de Velázquez, y en ese interior tan optimista como desconfiado vivo con el temor, como creo que ya he dejado patente, de que alguien se adelante, lo vea, tenga más tiempo y más contactos que yo, y en cuestión de semanas sea capaz de demostrar todas, o algunas al menos, de las teorías de Prosper. En las teorías de Prosper hay tres posibilidades:

A) Es un Velázquez.
B) Es un Velázquez y es Juana.
C) Ninguna de las dos anteriores es correcta.

Como los sentimientos y las corazonadas van por épocas, por rachas, yo esas Navidades me debatía entre la opción A y la C. Sí, ya sé que son contradictorias, pero déjenme tranquilo con mis presentimientos, que son libres y además no hacen daño a nadie. Cuando me entraba el bajón emocional y la dichosa racionalidad se apropiaba de mí, siempre aparecía algo destinado a reconducir la situación. Aquella subasta de Isabel de Borbón, mujer de Felipe IV por si andan perdidos entre dinastías, como me sucede a mí a menudo, dio un nuevo empujón a mi investigación o como queramos llamarlo.

Imagino que una subasta así es el final soñado por Prosper para su joven, lograr hacer ruido con la obra, conseguir que se hable de ella y de repente se prenda la mecha de la celebridad. Bastará con encontrar una o dos voces autorizadas que descubran dudas razonables para empezar el proceso. En alguna conversación Prosper me ha dicho que una plaquita con su nombre al lado de la obra sería suficiente para dejarla en depósito o donarla a algún museo. Incluso, para mi sorpresa, habla del Museo Thyssen, por «estar falto de un icono». La *Giovanna* de Ghirlandaio y portada de mi *Retratarte* no le debe de parecer suficiente icono. En el fondo, creo que sí busca alguna contraprestación o compensación económica, y además estaría en su derecho; si todo fuese como él dice, la descubrió, la compró, la estudió y vive obsesionado. Eso tiene un precio.

Fue curioso leer esos artículos en la prensa aquellos días:

> El cuadro, que data de principios de la década de 1630, muestra a la reina con un vestido negro y blanco, adornado con joyas y encajes, y una mirada penetrante que refleja su inteligencia y carácter. La obra es una muestra del dominio de Velázquez de la luz, el color y la composición, así como de su capacidad para captar la personalidad de sus retratados...

Y digo curioso porque, pasadas dos semanas, el cuadro fue retirado de la subasta y empezaron las dudas, y entonces ya la maestría velazqueña se apreciaba menos y donde antes había un enorme dominio de la luz y una mirada penetrante ahora, y cito textualmente: «"La expresión del rostro es torpe, blanda, y las manos no tienen ni la fuerza ni la serenidad de las que el genio dotaba a las figuras de hombres y mujeres", comenta un gran conocedor de Velázquez, quien pide no ser citado».

Los expertos en Velázquez son muy suyos y no arriesgan ni lo más mínimo, salvo que haya una absoluta seguridad sobre lo que van a decir. Por eso, como si de una conspiración política se tratara, se pide «no ser citado», aunque es posible intuir quién está detrás, porque solo dos o tres nombres pueden estarlo.

Un breve inciso antes de seguir con este tema que espero que les resulte tan interesante como a mí. Ese inciso es para contar la segunda pregunta remitida a Sotheby's, esta vez, solicitando información sobre la retirada de la obra en esa subasta; al fin y al cabo, es lo que hubiese hecho si en vez de dar rienda suelta a una obsesión estuviese haciendo una noticia para el informativo, y, además, poco podía perder. Este es el mail; si me contestan, se lo comunico.

> *Estimada/o colega,*
>
> *Soy periodista y escritor en España y estoy trabajando sobre la figura de Velázquez. Me gustaría saber la razón por la que la obra* Retrato de Isabel de Borbón *ha sido retirada de la subasta de maestros antiguos prevista para febrero. ¿Existen dudas sobre la atribución de la obra? ¿Cuáles son esos criterios de atribución?*
>
> *¿Saldrá finalmente a subasta en algún momento?*
>
> *Gracias por adelantado, espero su respuesta.*
>
> *Atentamente*
>
> *Carlos del Amor*

En mis ingenuos pensamientos, me alegró comprobar que el epígrafe de esa subasta —«Maestros antiguos»— era el mismo que en la que entró la obra de Prosper. También me parecieron razonables los alegatos anónimos de expertos sin nombre: «El brocado del vestido no puede ser de Velázquez, ese nivel de detalle se añadiría después, el genio no iba a perder tanto tiempo delante de un lienzo dedicándose a semejantes tareas». En el cuadro de Prosper no hay casi detalles en el ropaje de la joven. Bien es cierto que, siendo del primer Velázquez, como defiende nuestro protagonista, no va a detenerse en eso, pero cabe la posibilidad de que Juana no sea Juana y sea un Velázquez posterior; de hecho, en su día, en la subasta de «Maestros antiguos» de 2004, se fechó en 1630, en Madrid, serían por tanto ambos, la reina y la dama, casi de la misma época. Es posible, esto ya es teoría de Prosper, que al ser un retrato destinado al entorno familiar no necesite mucho detalle, más allá de la mirada sincera y cariñosa de la protagonista.

Sí es cierto que Isabel tiene una enorme ventaja sobre Juana: la trazabilidad, es decir, se sabe, más o menos, dónde ha estado, cómo salió de España, etcétera, etcétera. Tiene pasaporte; Juana en eso flojea bastante. En las muchas veces mencionada página de la casa de subastas donde salió a la venta aparecen dos propietarios previos a Prosper o, para ser exactos, al conocido de Prosper que la compró y más tarde se la vendió: ese barón Londesborough primero y esa Irma Engel Grabhorn después es una trazabilidad muy débil.

***

Empezaba este capítulo contando cómo el cuadro se hacía presente en el momento más insospechado. En aquellas Navidades, primero fueron esos artículos sobre la subasta y después una llamada de Prosper. No hubo nada destacable en ella, me repetía cosas de nuestra primera conversación, lo de *La Gioconda* del norte y del sur era su eslogan estrella. La intención de la llamada obedecía más a saber si estaba trabajando en algo relacionado con su cuadro o había perdido el interés; hacía varias semanas que no hablábamos y debía de temer un abandono de la misión por mi parte.

—Carlos, aquí Prosper, perdona la molestia, quería felicitarte el año y comentarte alguna cosa más sobre Juana.

—Prosper, gracias, feliz año. Sí, cuéntame, estoy intentando darle forma a todo lo hablado estos meses pasados, estudiar los documentos que me habéis facilitado y ahora, cuando pasen las fiestas, ver si puedo hablar con algún experto de algún museo y orientarme un poco.

—Estupendo, sí, pero cuidado con los museos y sus expertos, muchos viven en su burbuja y no dejarán que entres tan fácilmente.

La animadversión a determinados expertos era también un tema recurrente.

—Prosper, si se te ocurren cosas o te vienen a la cabeza detalles que puedan ayudar, te agradecería que me los mandaras. Santi tiene mi mail.

—Sí, aunque prefiero hablar, no me llevo muy bien con los ordenadores.

—Pues no te preocupes, si es algo importante, llámame sin problemas. Una última cuestión, ¿sabes algo de los anteriores propietarios, del barón y de Irma?

—Irma fue una artista y coleccionista casada en segundas nupcias con un millonario, murió no hace mucho. Intenté averiguar más sobre ella, pero no obtuve respuesta. Del lord nada, veo que hay un lord Londesborough parlamentario en Inglaterra, imagino que el cuadro sería de un antepasado suyo.

—Pues ese tipo de cosas son de ayuda. Si recordases algo más, házmelo saber. —Por Londesborough ya le había preguntado también a Santi y la respuesta fue parecida.

—Perfecto, Carlos, gracias. Oye, ¿has leído lo de Sotheby's y ese retrato de Isabel y la retirada de la subasta?

—Sí, sí, muy interesante.

—Imagínate si hay dudas con un cuadro así, las que habrá si alguna vez el mío sale a la luz. Bueno, no te molesto más, vamos hablando. Feliz año.

—Un abrazo, Prosper.

***

Imaginé a Prosper al colgar el teléfono en la oscuridad de ese despacho solo, muy solo, esa soledad fría que te entumece los huesos provocando una desazón y una tristeza interna que termina atravesando todo el cuerpo, lo recorre de forma lenta pero inasequible, implacable e invencible. ¿En qué momento se quedó solo? ¿Cuándo empezó a alejarse del mundo y sus alrededores? No tenía mujer, tampoco hijos. Se pasaba el tiempo leyendo libros de arte, intentando apuntalar teorías a las que casi nadie haría caso. Tenía carpetas llenas de recortes de prensa con noticias de hallazgos y atribuciones. Sabía todo de la obra de Murillo, de Cano y de Velázquez, claro, y no podía compartirlo con nadie, quizá por eso la aparición de Santi vino a llenar al menos un vacío, el de alguien escuchando de vez en cuando, el de alguien que te mira con respeto y es capaz de pasar horas teorizando contigo. Pero ese día de Navidad, mientras yo volvía de mirar regalos de Papá Noel y me esperaba el bullicio de un hogar, él estaba solo, y a eso achaco la llamada, a la necesidad de saber que hay una persona dispuesta a prestar atención o a acompañar unos minutos. Todo lo que me comentó ya me lo había dicho, pero no quise interrumpirle; escuché como si fuese la primera vez que lo oía, porque, para él, durante esos minutos, yo era toda su compañía; mi respiración, mi silencio y mis monosílabos, y los ojos vivos de Juana iluminados de manera intermitente por las guirnaldas de luces de la calle. Aparecía y desaparecía, y él la buscaba después de cada fogonazo, y en cada aparición sonreía y la volvía a descubrir.

Juana, la supuesta Juana, era lo más cercano a un familiar. Habían pasado unos diecinueve años juntos, él envejeciendo a pasos agigantados, que es casi la única manera de envejecer cuando se sobrepasa una edad; ella inmóvil, exactamente igual que el primer día. Con su inalterable y barroco peinado y su cálida mirada. El tiempo detenido para ella, el tiempo veloz para él. La vida desigual.

—Ojalá pudieses hablar, tendría tanto que preguntarte. Pasaría horas, días charlando y conociendo detalles sobre todo lo que esos ojos han visto. Eres Juana, ¿verdad? —le preguntó, aprovechando un momento de luminosidad—. Tienes que serlo, no concibo otra posibilidad. Eres la mujer enamorada del genio, la niña que lo recibió en el taller y lo ayudó con los pigmentos y el color. Dame alguna respuesta; qué más da, no podré contársela a nadie, porque nadie me cree, nadie me toma en serio. ¿Sabes? Hablaba con Carlos, es un periodista de la tele, ha escrito algún libro de arte, le estoy intentando convencer para que investigue sobre ti. No sé si lo hará, a él le gustas, pero desconfía de que seas quien eres. Si escribiera algo, al menos quedaría constancia de tu existencia, no serías invisible, no caerían en el olvido tus cuatro siglos de vida. Se ríe cuando le digo que eres *La Gioconda* del sur.

Prosper se levantó, acarició la tela y se recostó en un sofá antiguo e incómodo del despacho. Se quedó dormido mirando cómo Juana jugaba al escondite. Una leve sonrisa cambió su rostro mientras el sueño estrechaba el cerco. Ella vigilaba, como tantas noches había hecho, en mitad de una Navidad intermitente.

14

Otra dosis de escepticismo

No podía dejar de pensar que ojalá el cuadro fuese un Velázquez e incluso que fuera Juana. Sería una victoria romántica. Era consciente de que todavía quedaban las visitas a los museos, charlar con los expertos... De alguna forma estaba demorando esa fase, no quería que llegase la sentencia, prefería un juicio largo donde la posibilidad tuviese cabida. Pasado el Año Nuevo me dije que ya no podía retrasar más el siguiente paso.

Cómo era posible que estuviese nervioso aquella mañana por mi cita en ese pequeño y maravilloso museo tantas veces visitado. La encargada de prensa me había agendado una hora con la jefa de conservación de pintura antigua, una eminencia. Hacía frío ese día y, como llegué con bastante antelación, estuve un rato echando un vistazo en la tienda. Reconozco mi debilidad por las tiendas de casi todos los museos del mundo; me compraría siempre algo, desde libros a postales pasando por sudaderas, cojines, lápices o incluso vajillas; por suerte, no había *souvenirs* de Velázquez.

A la hora convenida fui al mostrador de seguridad y pedí que avisaran a la conservadora. Una amable auxiliar, que había hecho de extra en un reportaje rodado hace no mucho tiempo en el museo, me acompañó hasta la planta de oficinas.

—¿Qué tal? Cuánto tiempo sin verte.

—Bueno, sí, pero yo he venido mucho por aquí. Te pillo muy liada.

—Siempre, siempre. Esto no para, estoy con exposiciones para dentro de dos años y medio. Hablando con los correos, los dueños, las compañías de seguros. Un lío, pero, bueno, cuéntame.

Es cierto que llevaba tiempo sin verla, la última vez, creo recordar, fue una entrevista por el préstamo al museo de una obra de la artista renacentista Bárbara Longhi. Siempre recurríamos a ella cuando necesitábamos una explicación sencilla y rápida sobre un tema, podía ser la influencia de la escuela flamenca en la Sevilla del Siglo de Oro o mujeres artistas en el siglo XVII, como fue aquel caso. Era una eminencia con carácter y poco dada a la ligereza. Su despacho era un caos organizado, lleno de libros, tratados, manuales, pósits llenos de recordatorios. Su cerebro debía de ser como ese despacho, conocimiento por todos lados al que solo puede echar mano su dueña por ser la única capaz de poner orden en el mismo. Hacía calor por esa calefacción de aire, que tanto odio, susceptible de hacer de cualquier lugar un infierno; abrió una ventana y me pidió que tomara asiento.

—Deja esa carpeta aquí encima.

La pongo al corriente de Prosper, del mail recibido. Intento explicárselo siendo consciente de las incomodidades que a cualquier experto le despiertan este tipo de peticiones. Me siento un poco traidor hablando de Prosper con un poco de ligereza, dicho de una manera elegante. No quiero tampoco que vea en mí a alguien que da pábulo a descabelladas teorías. Me muevo en el alambre.

—Hace tiempo recibí un mail de un historiador del arte, amigo de un coleccionista. No hice caso. Me pareció una locura. Yo sé que es imposible, pero, pasado el tiempo, pensé, oye, ¿y si escribo sobre un fracaso? El camino me servirá para indagar sobre los procesos de atribución de un cuadro, sobre la época del cuadro, algo ficcional incluso, porque hay poca documentación de esa época. Perdona, no te he dicho, el hombre afirma que es un Velázquez.

Durante breves segundos se hizo el silencio. En ese despacho lleno de apuntes, informes y tratados se detuvo el tiempo. Hice la pausa necesaria antes de proseguir, esperando a que ese hueco temporal casi imperceptible, casi inexistente, fuese completado por sus palabras. Uno sabe preguntar sin preguntar y provocar respuestas jugando con el vacío. No hizo falta mucha pausa.

—Ahhh, ya sé quién es. Nos tiene machacados, y no solo a este museo. No para de llamar.

—Prosper, se llama Prosper, ¿verdad?

—Pues no recuerdo exactamente el nombre, pero llama periódicamente con el tema de Velázquez. La última vez estaba aquí una compañera de restauración y me dijo: «Otra vez el de Barcelona».

—Sí, sí, es un poco insistente —afirmé como en un acto de defensa y alineándome inmediatamente en su bando. Traicionando de nuevo a Prosper—. ¿Y qué te parece el cuadro? —le pregunté sin más dilación.

—Ahh, no lo he visto.

Me quedé un poco perplejo y sobre todo comprendí un poco a Prosper. Imagino que esa cara de incredulidad o sorpresa se me debió de notar; por eso esa pausa fue muy corta e interrumpida.

—Claro, imagínate si tenemos que hacer caso a todo el que tiene una obra en casa y piensa que es un Goya, un Durero o un Rafael —apostilló ella.

—Sí, sí, os volveríais locos.

Mientras decía eso pensaba en Prosper, siempre iba a tener las puertas cerradas de los lugares «sagrados» del arte. Había llamado y llamado, insistido, preguntado, pero ni siquiera le habían abierto la puerta. Estaban a la intemperie, él y Juana. Seguían solos en el despacho de asesoría para extranjeros de Barcelona, solo ellos, y Santi de vez en cuando. Claro que un museo no puede atender a todas las peticiones; no obstante, esta llegaría documentada con algo de fundamento, con una teoría detrás. No es un cuadro encontrado en un sótano sobre el que de buenas a primeras piensas que es una obra maestra, tiene cierto respaldo como para mostrar al menos un poco de interés.

De vez en cuando me pellizcaba para no caer tampoco en las redes de Prosper; siempre he empatizado con los perdedores, pero no podía dejarme llevar por esa simpatía.

—Si me permites, te lo enseño, lo tengo aquí en la *tablet*.

Esa pausa de antes se hizo eterna ahora. La *tablet* tardó en detectar mi cara para desbloquearse. Qué cara debía de tener para no ser reconocido. Tuve que ponérmela muy frontal y cerca para acceder a la galería de fotos.

—Aquí está. Yo quería enseñártelo, aunque piense como tú. Él, además, cree que la chica del cuadro es Juana, la mujer de Velázquez.

Ella enarcó las cejas, un poco extrañada. Se lo puse delante.

—No es Velázquez, seguro, seguro —soltó con rotundidad—. Es mejor uno nuestro y no lo tenemos atribuido. Desde luego, esto es una cosa acabadísima. Velázquez no pinta así. Por lo menos me lo has puesto fácil. Las perlas, la cara, la construcción, los labios. ¿Sabes en qué año está fechado?

—En Sotheby's aparece como de alrededor de 1630.

Ella, sin levantar la vista, proseguía ampliando algunos sectores.

—Está destrozado y, además, la parte de abajo no existe, está inventado. La pintura se ha encogido, puede ser por el proceso de restauración o por algún foco de calor. Fácil me lo pones.

—Él no se apea de la idea de que es anterior, de la etapa de formación, de sus años en el taller de Pacheco.

—Es que si quisieras meterlo dentro de Velázquez, y ya te digo que no lo es, tirando del estilo, solo podrías incluirlo en su primera época; al final Velázquez no pintaba así. De esa primera etapa está casi todo fuera, como *La vieja friendo huevos*; es cierto que entonces su pintura era mucho más realista, más construida, las figuras más compactas. Por estilo, solamente encaja en esos años en el taller de su suegro.

—Me mandó también un informe, un análisis técnico, bastante completo, no lo atribuye a Velázquez, pero es interesante.

—Ese análisis dirá que es un cuadro de esa época —se adelantó ella con firmeza—. Vamos a ver, todo el mundo usaba los mismos materiales. Esos informes sirven también para comprobar que no es una falsificación, pero el cuadro es auténtico y de época, ya está. Sin embargo, de pigmentos poco se puede decir. Mira, si habláramos de un Tiziano y aparece el lapislázuli, utilizado para esos azules maravillosos, que era un material muy caro, podría ponerte sobre la pista. Pero de Velázquez no hay un pigmento muy muy característico. Insisto, a mí me parece una obra demasiado perfilada para asociarla a Velázquez.

Yo no quería interrumpir y solo bajaba y subía la cabeza de forma automática para asentir, aprobando sus comentarios. Además, me resultaba de mucho interés todo; de vez en cuando se colaba alguna interjección mía con la única finalidad de que no se detuviera en su disertación.

—Sobre todo me llama mucho la atención cómo está pintada la boca, no veo a Velázquez pintando una boca así. —Con los dedos acarició la pantalla y amplió la zona de los labios—. No, no. Esa boca no puede ser. —Hablaba casi para sí misma, mientras iba de ampliación en ampliación, hasta que se fijó en el pelo—. Y mira cómo está organizado el peinado, mira los rizos. Nada, nada.

—Bueno, yo quiero investigar un poco sobre este cuadro, aunque no sea un Velázquez. Es la historia de una pintura perdida. Prosper es muy peculiar, es verdad, pero también muy estudioso, muy autodidacta, muy meticuloso en sus más que probables erróneas teorías.

De cada dos frases pronunciadas una era para volver a excusarme, para intentar demostrar que yo estaba del lado bueno de la historia, no fuera a tomarme por una especie de conspiranoico a mí también.

—Está bien colocado en fecha, eso está bien hecho —me concedió ella.

—Él contactó con una historiadora que vio el cuadro y le pareció un buen cuadro y con estilo muy velazqueño.

—Mira, las atribuciones a Velázquez van y vienen, debe tomarse todo con muchas precauciones.

—¿Y quién tiene la potestad para atribuir? ¿Quién pone un sello?

—Cuesta mucho atribuir una obra a un artista o modificar la autoría de alguna ya establecida. A veces pueden apreciarse pequeños elementos que nos den la clave.

—Pero quién dice esto es un Velázquez o un Goya o quién sea.

—Es algo muy complicado. Aparte de los análisis técnico-artísticos, puedes investigar su procedencia, de dónde ha salido, y fundamentarlo todo muy bien y cambiar con ello la atribución de un cuadro, pero aun así van a existir voces discordantes. Pasó y pasa con aquella obra de Goya, *El coloso*, ¿recuerdas?

—Sí, claro, como para olvidar el revuelo que se montó. ¿Y yo cómo puedo rastrear un cuadro, conocer su origen?

—Eso suele ser a través de inventarios antiguos.

—Aquí se dice que fue del barón Londesborough.

—Es que es una labor de archivo, de ver si aparece en los archivos de alguna casa. Si tiene algún descendiente, escríbele —me sugirió.

—Sí, de momento, he localizado a un miembro de la Cámara de los Lores que puede ser su descendiente.

—Pues trata de contactar con él; los ingleses siempre responden, se toman muy en serio esas cosas, les gustan. En cuanto les pregunto por alguna obra recibo contestación de todos los descendientes. Por otro lado, ellos conocen bien su árbol genealógico; no son como nosotros, que nos cuesta decir los nombres de nuestros antepasados más allá de los abuelos.

—Pues intentaré localizarle.

Quise enseñarle también el informe técnico del cuadro que hasta entonces solo le había mencionado de pasada. Volví a activar la *tablet* y a tener los mismos problemas de identificación. La demora en llegar al archivo junto al calor, enorme calor que se sentía en la minúscula sala, incrementaban mis nervios. Pero ¿por qué estaba nervioso? No lo entendía. Me sentía como el alumno que acude al despacho del profesor a una revisión de examen, intentando buscar excusas para ver si finalmente ablandaba al docente, pero la nota ya estaba puesta y era inamovible. Tenía que salir de ahí, pero quería agotar todas las vías.

—Este es el informe técnico —dije al mismo tiempo que me ponía la cámara de la *tablet* delante—. No está mal, es completo.

—Estos informes suelen hacerse bien.

Silencio y más silencio mientras pasaba pantallas. Silencio interrumpido por tonterías mías dichas al azar.

—Dice que el cuadro está hecho una mierda.

—Sí, eso ya se ve por las radiografías. Aquí hay una cosa con la que ya no estoy de acuerdo, pero en fin.

—¿Sí? ¿Cuál? —quise saber, expectante.

—Nada, deja, esto de los pigmentos —le restó importancia.

—Me gustan estos informes —admití, más que nada por llenar otro silencio—, me gusta este tema de buscar en archivos, de atribuciones.

—Es apasionante, pero ¿sabes lo que pasa? Das cientos de vueltas, empleas mucho tiempo para luego no llegar a ningún lado o volver a la casilla de salida.

Esa afirmación podría ser el mejor resumen de mi estado en ese momento: «Historia de un periodista que dio muchas vueltas y no llegó a ningún lado». Cruel, pero realista.

—¿Y su propietario sabe que estás investigando por tu cuenta? —me preguntó.

—Sí, claro que lo sabe.

—Ya, ya. Pero cuidado —quiso advertirme—, él está empeñado en que es un Velázquez, y quizá tenga la esperanza de que si tú das a conocer su historia, eso sea el paso definitivo para demostrarlo. A veces, cuando me traen material para echarle un vistazo y dices la verdad, hay gente que la acepta sin mayores problemas, pero muchos se lo toman fatal. De todas formas, como argumento para un reportaje resulta muy interesante.

—Sí, y además lo puedo alternar con la vida de Velázquez, con su primera época de la que no hay mucha documentación; puedo intentar recrear esos años en blanco —me animé.

—Pintar como Velázquez es muy difícil —concluyó la conservadora en lo que parecía ya una invitación a terminar la charla y añadió—: Lástima. Es que si sacas un Velázquez nuevo, figúrate.

—Prefiero no imaginarlo. Imaginaré el resto.

—A mí esta boca... —Fueron las sus últimas palabras tras echar un último vistazo a la pantalla.

Salí del despacho, encontré el ascensor y a paso ligero busqué la calle para respirar el aire de invierno que reguló mi temperatura corporal.

Era el segundo jarro de agua fría, este más abundante, más contundente, más inmisericorde. Empapado hasta los huesos en un día ya de por sí lluvioso.

Mientras esperaba un taxi llamé a Prosper.

—Prosper, hola, mira, he venido al museo para un tema de trabajo y he aprovechado para enseñar tu obra.

—Ah, sí, bueno, imagino lo que te habrán dicho.

—Me ha sorprendido, porque me han contado que has llamado muchas veces para poder hablar con alguien e intentar enseñarles el cuadro.

—¿Yo? No, te lo aseguro, Carlos. Nunca me he puesto en contacto con ellos. No tengo mucha fe en los museos. Solo he hablado con un historiador, te buscaré el nombre, que finalmente no pudo venir a verlo, y con la historiadora que te mencioné, ella sí ve cosas de Velázquez, aunque discrepamos en la fecha. Pero con el museo nada de nada.

—Pues no entiendo, me hablaron de un señor de Barcelona que afirma tener un Velázquez. No habrá demasiados señores de Barcelona con un Velázquez.

—Yo, te doy mi palabra, jamás he llamado.

No sé por qué mentía, si mentía; no existía razón alguna para ocultar esas llamadas y menos a mí; no había cometido un delito, simplemente fue pesado como quizá lo fuera yo si tuviese una convicción tan grande.

Llamé después a Santi y le conté lo sucedido.

—Nunca me comentó que contactara con ellos, jamás hizo referencia alguna. Es extraño, porque me cuenta cualquier avance o retroceso en este caso.

—Sí, a mí me extrañó también y me dejó algo contrariado, me pilló con el pie cambiado, sin respuesta posible.

—No lo sé, Carlos, no puedo ayudarte en eso. Sí, Prosper es muy suyo, pero no tiene necesidad de esconder unas llamadas a un museo.

—Eso es verdad.

—¿Y qué te dijeron del cuadro?

—Se lo acabo de decir a Prosper: nada, tienen la certeza de no estar ante un Velázquez. Está bien fechado, pero ha sido contundente.

—Y es lógico, los académicos ponen en duda todo aquello que se sale de los cánones, pero el arte no es una ciencia exacta. Es cambiante y se sabe muy poco del joven Velázquez. ¿Pudiste hablar con la historiadora?

—Todavía no.

—Ella es bastante más abierta y al menos escucha con atención.

—Lo haré pronto. Por cierto, ¿puedes mandarme la respuesta que os envió cuando le preguntasteis por el cuadro? ¿Recuerdas? Te lo pedí hace un tiempo.

—Sí, es cierto, perdona, la busco y te la envío pronto.

—Gracias, Santi.

El taxi me condujo de vuelta a casa, donde me quedé un buen rato mirando la reproducción del cuadro. «Pues a mí las perlas me parece que están muy bien pintadas —me consolé en voz baja—. Y la boca, pues no sé, cualquier Felipe IV suyo tiene una boca parecida con formas muy marcadas, un labio inferior manifiestamente más grueso y ese zigzag en el superior. Tampoco me parece una boca poco velazqueña».

15

Velázquez robado

Es habitual que durante las charlas en diferentes ciudades sobre mis libros alguien del público pregunte por «lo siguiente». Reconozco que «lo siguiente» siempre es algo con una misión: darme dolores de cabeza y proyectar en mi pensamiento la sensación de que, si no estoy escribiendo, estoy perdiendo el tiempo. Las primeras veces contestaba el clásico: «No tengo nada en la cabeza» o «De momento, disfrutar del camino de *Retratarte* y seguir acompañando a *Emocionarte*». A cada una de esas conversaciones, conferencias, diálogos le sigue una firma de ejemplares que suele demorarse bastante tiempo y donde compartes unos minutos, por desgracia siempre pocos, con los lectores.

No soy consciente aquel día de haber hablado de Velázquez ni de su protagonismo en mi próximo proyecto, pero, durante uno de esos intercambios fugaces de impresiones, un hombre de voz tenue me dijo:

—Si lo próximo es de Velázquez, toma estos recortes de prensa, creo que, si es posible, se merecen un capítulo.

—Eh, sí, vale, gracias —atiné a verbalizar, algo contrariado.

—Es apasionante; bueno, no te molesto, te dejo estos artículos; si tienes tiempo, échales un vistazo. Seguro que conoces el caso, aunque tú eras joven entonces.

Al llegar al hotel, me dispuse a revisar por encima esos recortes. El primero fue publicado en *El País* en agosto de 1989:

> DESAPARECEN DOS VELÁZQUEZ DEL PALACIO REAL
>
> El Patrimonio Nacional ha puesto en conocimiento de la autoridad judicial la desaparición de tres pequeños cuadros, dos de Diego de Velázquez y otro atribuido a Juan Carreño de Miranda, valorados en 275 millones de pesetas, que se custodiaban en el Palacio Real de Madrid, en un área cerrada al público. Los dos lienzos de Velázquez están valorados en 100 millones de pesetas cada uno. Según el Patrimonio Nacional, no se han apreciado signos de violencia en los accesos a las salas en que se guardaban, por lo que no se descarta que los tres lienzos se hayan ocultado sin propósito de robo.

El segundo artículo era de agosto de 1990, cuando se cumplía un año de la desaparición de las pinturas.

> Aunque, en un primer momento, la policía siguió la pista de ocho sospechosos entre los operarios que trabajan en las obras del Palacio Real, dos meses después confirmaron que no tenían «ni siquiera indicios» de la responsabilidad del robo.

> Las investigaciones se centraron al principio en el personal de contratas que trabaja en el Palacio Real, y «esa línea no se ha abandonado», comunicaron fuentes policiales. Pero también se habían hecho indagaciones entre el personal de conservación y restauración, «que tiene mayores posibilidades de colocar en el mercado». Las pinturas desaparecidas, recordamos, son *Retrato de una dama* y *Mano del retrato del arzobispo Fernando Valdés*, de Diego de Velázquez, y *Retrato de una dama*, de Juan Carreño de Miranda.

Al leer *Retrato de una dama*, en mi pensamiento apareció mi dama, bueno, la dama de Prosper, que de alguna forma era ya también un poco mía. Era imposible que fuese esa dama; me hubiesen alertado las personas consultadas, hubiese aparecido en la primera búsqueda por imágenes realizada hace meses y varias decenas de páginas atrás. Esa dama era otra dama, y yo no la conocía. Los dos primeros artículos no llevaban imágenes ilustrando la noticia; el tercero, del periódico *ABC*, sí, era un breve con tres fotografías de las tres obras, y aquí el *Retrato de una dama* se llamaba *Cabeza de dama*.

Evidentemente, yo sufría episodios de autoengaño frecuentes con esta historia, es decir, veía cosas en las que quizá no me fijaría si no estuviese tan metido en la trama. Es, sin duda, uno de los hándicaps de realizar esta investigación. El autoengaño, su propio nombre lo indica, es convencernos a nosotros mismos de una realidad falsa. Es muy probable que Prosper lo padezca y me lo haya contagiado. Se puede confundir, en determinados casos, con entusiasmo, pero siendo parecidos no es lo mismo. El autoengaño se produce siempre de forma inconsciente, porque de lo contrario pasa a llamarse mentira y, sinceramente, yo no creía que Prosper me estuviese mintiendo. Él estaba convencido de cada una de sus teorías y, a mí, sin estarlo, sí me gustaba de vez en cuando autoengañarme por unos minutos y dejar volar la imaginación. Uno de los grandes síntomas del autoengaño es no preguntar algo a alguien por temor a la respuesta. Exactamente lo que me sucedía a mí. Con mi amigo galerista, con mis contactos en los museos... Es como si, al no saber, todavía existiese una remota posibilidad de éxito. De ahí viene la felicidad del ignorante; no saber te hace vivir en una ilusión ficticia y, en algunos casos —no en este—, peligrosa.

Aquella noche yo veía similitudes entre el retrato robado de esa dama y la dama de Prosper: la atmósfera, la pincelada, la mirada. La mujer retratada en la otra obra robada, la de Carreño de Miranda, no tenía nada de eso. ¿Sugestión? Probablemente.

***

La casualidad hizo que a los dos días tuviese el rodaje de un programa en las cocinas del Palacio Real. La invitada era una presentadora francesa de mucho éxito en su país (también de éxito moderado en el nuestro) que visita lugares pintorescos en su descapotable rojo: Julie Andrieu. Durante los tiempos muertos de la grabación me venían a la cabeza los recortes de periódico, y en concreto un fragmento:

> En el palacio, todo el mundo desconfía. No ha saltado ninguna alarma y el sistema de detección no ha registrado nada. Los ladrones, dice *Le Figaro*, se movieron por palacio «como si estuvieran en su casa».

Julie me miraba con cara de incredulidad, esa cara con la que se mira a alguien claramente ausente, o en otro mundo. Más allá del parecido o no del estilo pictórico —ojo, solo hablo de estilo, no quiero confundir a nadie—, las mujeres no compartían rasgo físico alguno: la robada era morena, de mayor edad, bastante menos agraciada, con peor humor. Sí, la mujer sustraída mira con desconfianza, y eso le da un aire rudo. Al parecer, Velázquez la pintó hacia 1625, ya en Madrid y siendo pintor del rey desde 1623 con un buen sueldo. Juana y él se abrían paso en la corte adonde habían llegado con Francisca, nacida en 1619, y con la pena, ya sabemos, del fallecimiento, en 1621, de Ignacia, su segunda hija, al poco de nacer. Llama la atención, por la época, que no tuviesen después más descendencia.

***

La ambición del joven Velázquez le había hecho llegar muy pronto a la corte. Un plan perfectamente trazado por su suegro y toda su red de contactos le aupó al puesto de pintor del rey tras la muerte de Rodrigo de Villandrando. Es llamativa la forma de prosperar del joven en la corte: los contactos de su suegro, la mediación del poderoso Olivares y su buen hacer le llevan muy temprano a tener casi en exclusiva el monopolio de la imagen de Felipe IV. El rey revitaliza el coleccionismo, ayudado por el conde, ambos trazan un control de la difusión de su figura, austera, comprometida, en actitud de trabajo. Con veinticuatro años, Velázquez ya ha alcanzado la meta, o una de sus grandes metas. Le contaba a Juana que la ayuda del padre había sido fundamental para llegar al entonces conde de Olivares y poder hacer un retrato al rey que dejó a todos satisfechos por ser capaz de captar su personalidad. Gracias a eso, pasó a tener una asignación mensual y desde ese momento la prosperidad se instalaría en sus vidas. Ya era el retratista principal de la corte. Juana era feliz al escuchar cómo se cumplían los anhelos de su esposo, que le pidió ayuda y seguir trabajando como si estuviesen en el taller de Sevilla.

***

Imagino que alguno de ustedes lo sabrá, pero en Madrid hubo un *tour* turístico por los sitios de Velázquez, con motivo del cuatrocientos aniversario de su nacimiento, con un hilo argumental: su forma de medrar en la corte; entre líneas se le llamaba trepa. Sobre los tiempos remotos y poco documentados de personajes célebres y del ámbito cultural suele caer una pátina de prestigio y honra capaz de neutralizar casi cualquier borrón biográfico o apunte que pueda hacer menguar el glorioso recuerdo de alguien. Ha pasado desde tiempos inmemoriales, miren Caravaggio, Picasso o Neruda. Los años van arrinconando las líneas más comprometidas de sus vidas y solo de vez en cuando alguien las trae a la actualidad o las recuerda al final de alguna semblanza y conforme ese personaje se acerca más al presente y, por tanto, existen más documentos que acrediten sus correrías y más posibilidades de que cobren peso en la posteridad. Sobre Velázquez hay un enorme velo que imposibilita ver su figura por completo. Es difícil conocer su forma de pensar, de sentir, sus preocupaciones y sus inquietudes; es como si él mismo se hubiese preocupado de no dejar para el futuro, es decir, para nuestro presente, nada comprometido. Casi todo es profesional, casi nada es personal.

Su biografía puede ser casi idílica (luego comprobaremos la conveniencia de ese «casi»), pero también podría rezar así: un tipo que se casa con la hija de su maestro por ser el camino más recto al éxito y anula las más que probables dotes de Juana para el arte, fue un genio sumamente ambicioso capaz de cualquier cosa por llegar a la corte y conseguir los favores reales.

Nunca sabremos con seguridad absoluta quién fue el verdadero Velázquez, quizá en algún archivo o en algún lugar se encuentre un diario o su correspondencia en donde se vea más al hombre y menos al artista, en donde se muestren sus intuidas debilidades. Por eso nada me gustaría más que el cuadro de Prosper fuese suyo, porque la mirada de la mujer es una mirada de dulzura y de amor; esa dulzura, esa delicadeza abre otra vía plausible: que la retratada sea su hija, encajaría en fecha. La historia pasa y pesa en función del rastro dejado, si es escaso, empieza el enigma, el misterio, y queda la obra, incontestable en este caso. De todas formas, no dinamitemos la posible historia de amor de ambos, recordemos que murieron con unos días de diferencia, primero él y al poco Juana, de pena afirman algunos, y como no hay nada que lo contradiga, es también una teoría posible y la más atractiva o novelesca, y en parte sobre la que se sustenta mi búsqueda. Todo es posible cuando nada se sabe.

Me gusta especialmente el cuadro que sirvió a Velázquez para darse a conocer en Madrid, un retrato; me gusta sobre todo por el retratado y la posible conversación mantenida. Antes de la llegada a la corte, el joven pintor viaja a la todavía joven capital del reino y gracias, de nuevo, a los contactos del suegro, que le encarga el cuadro para su *Libro de descripción de verdaderos retratos de ilustres y memorables varones*. El retratado era un capellán real —nombrado por Felipe III—, al que le gustaba la buena vida.

Érase un hombre a una nariz pegado,
érase una nariz superlativa,
érase una nariz sayón y escriba,
érase un peje espada muy barbado.
Era un reloj de sol mal encarado,
érase una alquitara pensativa,
érase un elefante boca arriba,

era Ovidio Nasón más narizado.
Érase un espolón de una galera,
érase una pirámide de Egipto,
las doce tribus de narices era.
Érase un naricísimo infinito,
muchísimo nariz, nariz tan fiera
que en la cara de Anás fuera delito.

Y así lo describió Quevedo, o «Quebebo», como le llamaba un Góngora ya convertido desde años antes en un hombre de enorme fama en todo el reino, por sus obras *Polifemo* y *Soledades*, y por su polémica personalidad.

El carácter de Góngora podía llegar a intimidar. Era afable y educado hasta que algo, o alguien, no le encajaba, y no necesariamente debía ser una cosa obvia y molesta; en ocasiones, una nimiedad desataba una tormenta, pero Diego le causó buena impresión. Sorprendido por su juventud, demasiada en su opinión para retratarle, le hizo gracia el atrevimiento del pintor, quizá se vio reflejado: él escribió su primera sátira también temprano. Además, como aficionado al arte, conocía a Pacheco y había oído hablar de la boda con Juana. Góngora le preguntó si esa boda obedecía a esa tradición instaurada en los círculos artísticos según la cual los discípulos terminan casados con alguien del entorno del maestro del taller; le parecía terrible tener el destino y la vida casi escrita: aprender, examinarse, casarse, hijos, heredar taller, morirse. Una vez más, Diego replicó con una lógica incontestable: si desde niño conoces a alguien y creces a su lado y no conoces mucho más mundo, no es de extrañar que esos casos se repitan. Hablaron de amor, complicidad, de penas, de arte y de la ambición por llegar a la corte. Góngora, si el retrato era de su satisfacción, intercedería por él, o al menos hablaría de su trabajo, sabedor de que si de algo se hablaba en Madrid, llegaría a oídos de Olivares. Le explicó que el rey necesitaba ser reconocible, renovar la imagen de la realeza. Le pidió destreza a la hora de trazar su nariz, grande ya en sí misma; no quería más burlas, y celebró su amor por Juana deseando fuese duradero y a prueba de la fama que intuía que estaba al llegar.

Al regresar, Diego contó a su esposa su encuentro con Luis de Góngora, lo definió como un tipo peculiar de verbo fácil y excelente conversador.

Ese retrato tuvo enorme éxito. La prueba son las numerosas copias que vinieron después. Pintar a un personaje de esa fama fue el penúltimo paso antes de llegar al rey.

Góngora, por cerrar del todo al personaje, murió pocos años después en Córdoba, arruinado, sin memoria y en penosas circunstancias.

***

Postdata 1. Otro autoengaño. ¿Y si la dama de Prosper fue robada hace muchos años por alguien y se perdió su rastro?

Postdata 2. El programa con Julie quedó estupendo. Tengo que volver al museo del Palacio Real a dar una charla; preguntaré por los cuadros, si me acuerdo.

Postdata 3. Vale ya de añadidos y de fantasías.

16

El barón de Londesborough

A pesar de que tampoco obtuve respuesta de Sotheby's de Nueva York sobre el cuadro de Isabel de Borbón, no me resistí a insistir con la filial de España para ver si tenían algo más de documentación sobre la lejana subasta de 2004. Si Sotheby's estableciese una conexión entre el mail enviado a Nueva York y este, se preguntarían quién es ese español que tanto pregunta por Velázquez. Volví a mandarles el correo que ya les había enviado.

> *Estimada/o colega,*
>
> *Soy Carlos del Amor, periodista. Os escribo para ver si me podéis echar una mano. Estoy intentando recabar información sobre un cuadro que se subastó en vuestra casa en 2004, no logro encontrar muchos datos sobre los propietarios anteriores (el barón Londesborough no sé si es el primero, el segundo, etc., o si él lo tenía inventariado o si guardáis algo de la obra).*
>
> *Os escribo con la confianza, más bien esperanza, de que en vuestros archivos pueda haber algo más de información y me podáis ayudar. Gracias de antemano. Os adjunto el* link *del lote.*

PD. He visto el cuadro en persona y pienso que podría tener una gran historia detrás, estoy intentando conocer más detalles para intentar escribir sobre él.

Sin más, os doy las gracias por anticipado.

Como contaba, las llamadas de Prosper se hacían cada vez más frecuentes. En la última, entre una tos que le dificultaba el habla, me recordó la subasta previa a la de Sotheby's, la de Bonham's —con los que también fue imposible contactar—; allí el cuadro se atribuía al círculo de Sánchez Coello, pero sobre todo me pedía que me fijara en la procedencia, si era el barón Londesborough (con errata, en realidad ponía Londresborough), y el añadido «acorde a la etiqueta de la parte posterior». Esa etiqueta nunca llegó a manos de Prosper, ni probablemente a la subasta de Sotheby's. Se perdió por el camino.

No sabía ni por dónde empezar. Decidí tirar del hilo del barón Londesborough o, lo que es lo mismo, meterme en un laberinto donde en cada esquina uno cree descubrir una pista, una respuesta, incluso un «*ains,* lo encontré» que se desvanece casi con una rapidez similar al ir y venir de mi ilusión con respecto a la obra.

Lo malo de este tipo de pesquisas es que cada vez que abres una puerta te encuentras con una posible novela. El primer barón, de nombre Albert y apellido Denison, era hijo de la marquesa de Conyngham, que a su vez fue amante de Jorge IV. El joven Albert, que nació en 1805, heredó de su tío una fortuna considerable, destinada sobre todo a ampliar el patrimonio familiar; esa ampliación incluyó Londesborough, convirtiéndose en barón en 1850. Lo más divertido de Albert fueron sus descendientes, William primero y Francis después, vividores redomados que gastaron inmensas fortunas en fiestas que duraban días, con pigmeos incluidos que ejercían como exótica atracción. Suele pasar eso de ver la vida resuelta y dedicarte a dilapidar lo conseguido; me reí un buen rato reconstruyendo en mi imaginación, como si de una película antigua se tratara, las juergas de William y Francis. Pero no nos desviemos del tema.

Estábamos con Albert, que compró Londesborough, una propiedad edificada por John Hobart Caradoc, el segundo barón Howden, diplomático que había servido en Rusia, donde se casó con la princesa rusa Catherine Bagration, a su vez viuda de Piotr Bagration. John, imaginamos que por impresionar o simplemente por tener también el dinero, mandó construir una casa en unos terrenos heredados de su padre, el primer barón Howden. Pidió al arquitecto que esa casa fuera un palacio y ese palacio pareciese o más bien fuese un palacio italiano renacentista. Situémonos, estamos en Grimston, en North Yorkshire, en el noroeste de Inglaterra. Son esas cosas que luego te encuentras haciendo turismo y te dices a ti mismo: ¿y esto? Pues esto suele ser siempre el resultado de una idea de alguien con dinero y, por regla general, caprichoso. La cuestión es que las cosas entre los Howden no fueron del todo bien y al divorciarse pusieron en venta el palacio. Lo compró nuestro barón (Albert ya es un poco nuestro, reconozcámoslo), el barón de Londesborough.

El palacio es como sus cabezas están imaginando ahora mismo, a lo que hay que sumar un enorme jardín con rosales, huertos, pasillos infinitos con estatuas de mármol, y agua y fuentes, e incluso una pequeña torre desde la cual admirar el conjunto y adonde imagino que los sucesivos dueños subían y decían aquello de: «Todo esto es mío». El palacio se convirtió en mi nuevo objeto de estudio, no ya su arquitectura o la historia del edificio, ni tampoco lo que podrían contar sus muros, más bien era lo que pudo haber colgado de esos muros. Y si nuestra dama lució en sus paredes. Déjenme soñar.

Una vez situada la mansión, busqué archivos y bibliotecas de la zona; escribí a dos, cada uno de ellos me remitía al contrario en una especie de juego sin sentido. Al final, al cuarto mail y con mucha amabilidad, el archivo y biblioteca de estudios locales de Hull me envió una página con decenas de documentos relacionados con Londesborough. Ahí descubrí la afición de Albert por las armas, las armaduras y otros objetos raros. Encontré varios catálogos. Me dejé los ojos, a sabiendas de que no era el sitio para encontrar a la dama, en el libro *Miscelánea gráfica. Representaciones de restos antiguos, medievales y renacentistas en posesión de lord Londesborough.* Como ya he dejado patente, esta investigación es una tortura si eres algo curioso. ¿Perder horas entre los objetos más variados de un barón inglés del que no había oído hablar en mi vida hasta hace unos meses? Ahí estaba yo, deleitándome con la colección de vasos de mi barón.

TAZAS PARA BEBER CON FORMA DE PÁJAROS

Estas curiosas decoraciones para la mesa son parte de la serie cuyos ejemplos se muestran en las placas VI y XI, y son obras de los siglos XVI y XVII.

Fig. 1. AUER HAHN. On Cock of the Wood. Es de plata, los ojos de vidrio rojo; los insectos en el suelo están dorados, y las perillas debajo del soporte están adornadas.

Fig. 2. DOVE. Plata, las alas perforadas en los bordes exteriores; los ojos están formados por pasta roja, los insectos son dorados.

Fig. 3. PEACOCK. Plata, dorada en plumas alternas, la cola adornada con piedras de varios colores.

Y así 364 páginas llenas de lo que para mí pudieran ser excentricidades o rarezas, pero para un barón eran útiles del día a día; cómo no perder el tiempo en el camino si el camino es tan jugoso.

Seguí avanzando, y entre los enlaces enviados por los (o las) amables bibliotecarios (o bibliotecarias) se encontraba uno de la exposición de Leeds de 1868 donde su nombre aparece relacionado con varios objetos, que no cuadros.

No sé la de veces que he podido poner en los últimos meses en las casillas de búsquedas de diferentes páginas el nombre del barón añadiendo todas las combinaciones posibles. No dejaban de llegarme referencias, libros digitalizados, estudios pormenorizados de la época, de todo. Pero nuestra chica no aparecía en ninguno.

Londesborough and Velázquez.
Londesborough and «portrait».
Londesborough and «young lady».
Londesborough and «lace collar».
Londesborough and «pearl necklace».

Sí, en mi fuero interno, ese collar de perlas de nuestra protagonista con pendientes a juego debía tener referencia en algún remoto rincón de la memoria.

Un día en el trabajo, una amiga y compañera me preguntó si andaba detrás de algún tema, que se me veía ensimismado, y le conté esto que tienen en sus manos. A ella le gusta especialmente eso de rebuscar en archivos. Todavía me acuerdo del reportaje que hicimos sobre la fotógrafa Gerda Taro y su última imagen, o el intercambio de mails con un archivo ruso para conseguir más imágenes del poeta Miguel Hernández en movimiento. El tema de Velázquez era un caramelo para ella y un quebradero de cabeza para mí, que recibía cada día nuevos textos sobre la presencia del pintor sevillano en las colecciones inglesas del siglo XVIII.

Hubo un tiempo en que solo viajaban los cachorros de los nobles, enviados a aquel lejano antepasado del turismo actual, el Grand Tour, únicamente al alcance de las clases altas y sin alojamientos compartidos. El Grand Tour eran viajes que tenían, al principio, Italia y Francia como principal destino, pero que se fueron abriendo a los Países Bajos y al exotismo de España, y duraban dos o tres años. Eran un Interrail a lo grande y con mucho dinero para gente de alto nivel. Si pueden, busquen el cuadro *Planificación del Grand Tour*, de Emil Brack, y comprobarán el nivel del refinamiento al que me refiero.

El interés por la pintura española creció mucho gracias a los llamados «viajeros ingleses» que visitaban El Escorial, el Palacio Real y quedaban fascinados por ese pintor andaluz hasta entonces casi desconocido para ellos. Velázquez no fue siempre el más popular en Inglaterra, ni el más admirado; era Murillo el preferido en las paredes de sitios como Grimston y similares. Los Dillon, Clarke, Beckford, Swinburne y compañía se dedicaron en mayor o menor medida a «revalorizar» a nuestro protagonista en una Inglaterra ávida de comprar. Cada viajero escribió su correspondiente libro, pero es inútil buscar allí a Juana, o quien sea, porque estos viajeros visitaban sobre todo sitios «oficiales», y Juana no parecía estar destinada a decorar paredes regias. Pero esa creciente fama sí pudo propiciar que, ante la menor sospecha, un coleccionista inglés no dudara en comprar una obra velazqueña. Me lo dijo una historiadora del arte en una conversación informal: «La procedencia inglesa le da pedigrí al cuadro».

Mi amiga de la redacción me seguía mandando amplísimos archivos digitalizados que primero demostraban ese interés inglés en Velázquez y luego torturaban mi vista y mis ilusiones. Entre esos escritos hay dos que supusieron un nuevo frenazo a mis aspiraciones, ya casi pertenecientes al terreno de la ficción. En 1924 los papeles de nuestro barón al parecer se quemaron, algo que sin duda iba a dificultar, todavía más, la adquisición o venta de la obra. El otro frenazo fue el catálogo de subasta de Christie's de 1888, donde tampoco aparece nada ilusionante. Mi esperanza era que esos descendientes vividores la hubiesen vendido. De todas formas, es algo absurdo pensar en la aparición de una reseña de ese cuadro en algún sitio y que nadie se hubiese dado cuenta. Pero era divertido, mucho. Sería mi lejana vocación de documentalista, pero estaba disfrutando dándome contra las paredes de todo tipo de archivos.

Buscando a Londesborough y pistas velazqueñas siempre aparecían referencias a un coetáneo suyo: Stirling. Así que no me quedó más remedio y me dispuse a coger ese pequeño desvío. William Stirling-Maxwell of Pollock es uno de los tipos más enamorados del arte español que uno podía encontrarse en aquella época; este escocés era historiador del arte, político, coleccionista, bibliófilo e hispanista, y de sus viajes dejó sus *Annals of the Artists of Spain*, que se abrían con unos versos de Garcilaso.

> *... las cuales, con colores matizadas,*
> *claras las luces de las sombras vanas,*
> *mostraban a los ojos relevadas*
> *las cosas y figuras que eran llanas,*
> *tanto que, al parecer, el cuerpo vano*
> *pudiera ser tornado con la mano.*

Echando un vistazo a los volúmenes de Stirling, me di cuenta de la imposibilidad de acercarme siquiera a esbozar una conclusión sobre el cuadro de Prosper, en especial después de leer un capítulo que extrañamente no he visto reproducido luego en muchos sitios. Cuenta Stirling una anécdota relativa a cuando Velázquez pasó por Zaragoza, de la que fue testigo, y dejó por escrito, su amigo, el artista Jusepe Martínez. Parece ser, según refiere este, que Velázquez, que utilizaba su estudio cuando estaba en la ciudad, se «comprometió a pintar el retrato de una joven». Una obra de «gran excelencia, como todas las salidas de su mano». Pero al contemplar la mujer el resultado final, no quedó nada satisfecha, especialmente con el cuello, realizado, según ella, con el mejor encaje de Flandes.

—¿Cómo es posible que diga eso? ¿Sabe quién ha pintado ese cuello? —protestaba Jusepe airadamente—. El pintor del rey, el más grande de nuestro país —le decía, visiblemente nervioso, Jusepe al padre de la joven.

—Lo sé, lo sé, y le pido disculpas por sus palabras, groseras y faltas de conocimiento —dijo el marido, intentando calmar los ánimos—. Espero que no llegue a sus oídos, confío en su discreción.

—Lo haré por él, no por ustedes, que le han hecho perder el tiempo. Hagan lo que quieran con el retrato.

Algo así pudo suceder en Zaragoza en el primer tercio del siglo XVII.

¿Acaso alguien sabe dónde está ese retrato? ¿Dónde acabó el cuadro? ¿Quién era esa dama caprichosa que afeó a Velázquez una obra? Posiblemente descanse debajo de otra obra, haya sido repintada y algún día aflore en radiografías. Quizá es la dama de Prosper, aunque no es el cuello lo que más destaca en el retrato. Pero ¿y si Jusepe hubiese hablado de un collar de perlas en vez de un cuello? ¿Cambiaría la manera de mirarla? Estaríamos ante una pista definitiva. Recordar que los ojos de nuestro cuadro, desde luego, pertenecen a una mujer que mira a alguien con quien se tiene confianza, no como miraría la atrevida dama de Zaragoza. Pero imaginen las obras que pudo realizar fuera del circuito habitual, obras nunca inventariadas, encargos de algún amigo, regalos a algún familiar, retratos para consumo casero. Es imposible seguir el rastro a algo que no deja huella.

Durante esa búsqueda en archivos fueron bastantes las veces en las que el corazón me dio un pequeño vuelco al encontrar determinadas entradas. Me tropezaba con un *Portrait of a Lady* o *Spanish Lady* o similares, y decía: «Ahí la tenemos», pero no podía ser tan fácil, y no lo era.

La ilusión es una sensación efímera, pasajera, escurridiza y frágil. Va y viene con mucha facilidad y se pierde rápido. Con esta historia habitaba mucho ese estado de ánimo. Iba de la euforia a la decepción con una velocidad inigualable.

En una llamada larga, Prosper volvió a insistir en que lo bonito era poner en valor el cuadro más allá de Velázquez; era una idea repetida ya varias veces. Es como si él mismo hubiese perdido la ilusión, hastiado de la falta de atención, de ser mirado con displicencia en los lugares donde expuso sus teorías. Quería un futuro para Juana como el que quiere asegurar el porvenir de un hijo al verse ya mayor.

—Yo estoy convencido de que es Velázquez, al cien por cien, pero ¿no es la pintura lo suficientemente buena y hermosa como para darse a conocer? —me decía con voz fatigada.

—Sin lugar a dudas, Prosper, pero en la vida ya sabes de la importancia de una «marca». La pintura es buena, pero sería doblemente buena a ojos de todos si fuera un Velázquez, y ya su historia sobre Juana lo convertiría en un cuadro legendario.

—Pero es imposible de demostrar, Carlos, lo hemos intentado también. No hay información sobre ese Velázquez joven, no hay obras de esa época, por tanto, no hay un punto de referencia. Es bonito contar lo que puede que sea.

—Sí, es cierto. Pero es mejor intentar contar lo que es.

—Bueno, cualquier cosa llámame y dime.

—Así lo haré. Un abrazo.

—Un abrazo.

Por cierto, en el momento en el que repaso estas líneas no ha habido respuesta ni de Sotheby's en Nueva York, a la que pregunté por el Velázquez retirado de subasta, ni tampoco de Sotheby's España, a la que pedí ayuda para intentar acceder a alguna documentación que reforzara la procedencia de la obra. A su vez, también solicité información a Christie's sobre un histórico de sus movimientos y posibles obras del barón con el mismo éxito, aunque en este caso el catálogo de todas sus subastas es accesible *online,* y no hallé nada. Perseveraremos, el fracaso también tiene su épica y es un territorio siempre difícil de conquistar, no se llega a una derrota sin haber peleado mucho y bien antes.

Decidí volver a Sevilla y al siglo XVII para intentar arrojar algo de luz, aun a sabiendas de estar en un territorio lleno de claroscuros.

17

Retrato de un joven pintor en la corte

Pocos saben que Velázquez no fue el único pintor en casa.

Juan siempre había estado en ese lugar invisible en el que te confundes con el paisaje. Estás, pero no se aprecia tu presencia, pasas inadvertido. Esa invisibilidad, que nada tiene que ver con los superpoderes, suele provocarla alguien cercano con una personalidad o un don arrollador. Todos nos hemos hecho pequeños en alguna reunión, cena, comida o acto social donde una persona dotada de un enorme carisma se convertía en centro de todas las miradas, y lo terminamos asumiendo con naturalidad, porque hay evidencias contra las que es un absurdo rebelarse. Uno se rebela ante injusticias y siempre con la esperanza de revertir la situación, pero, si se es consciente de la imposibilidad, solo queda asumirlo. Juan lo asumió muy pronto, desde el lejano día en el que fue su hermano el elegido para ser aprendiz en un taller. Él pintaba, era estudioso, tenía eso que muchos llamaban mano. Se le daba bien esbozar objetos cotidianos encontrados por casa: la pluma usada por su padre para firmar documentos, los anteojos empleados para la lectura, incluso se atrevía con algún alimento como las hogazas de pan. Pero no era Diego, no tenía su «don», como un día de doloroso recuerdo se encargó de recalcar su padre.

Juan era dos años menor, nació ya en el siglo XVII, y siempre tuvo una buena relación con su hermano al que, de forma inconsciente, imitaba en casi todo pese a tener algo inimitable tan cerca.

La sombra es un lugar muy agradable donde pasar el tiempo, pero puede hacerse fría si es el territorio donde habitar. Juan siempre estuvo a la sombra de un hermano sobre el que orbitaba el resto de la familia.

Habían pasado unos meses desde la partida de Diego a Madrid. Durante ese tiempo, Juan se había hecho cargo del taller de su hermano en Sevilla, lo mantenía con algo de vida mientras se decidía si valía la pena conservarlo abierto o cerrarlo.

> *Querido hermano,*
>
> *No hay mucho que contar. En el obrador la actividad es tranquila, se da salida a los encargos y los aprendices te echan a faltar. Padre y madre vienen de vez en cuando, más que nada para controlar, o para ser exactos, para controlarme y que todo sigue el rumbo por ti marcado. Cuando vuelva a verte me gustaría enseñarte un par de retratos que me he atrevido a hacer, uno de nuestra madre y otro de Giuseppe, el italiano que vive dos casas más arriba. Quiero empezar a alejarme de los objetos inertes, sin alma. Sin duda seguiré tus sabios consejos para tratar de acercarme a tu maestría.*

Padre me pregunta por la salud de Pacheco y también si has encontrado un lugar donde instalarte y convertirte en maestro. Te admira mucho, Diego, no deja de hablar de ti.

Siempre tuyo,

Juan

Querido hermano,

Lo primero, tranquiliza a padre; Pacheco es fuerte como un roble y está siendo muy generoso conmigo. Es maravilloso tu atrevimiento con los retratos, estoy deseando verlos, seguro son de muy buena calidad; nuestra madre se habrá llevado una grata sorpresa al verse. Eres osado, yo nunca me he atrevido a pintarla, me infunde tanto respeto como un rey o un papa. Ya he encontrado un pequeño sitio para al menos poner en marcha un taller y he pensado, si a ti no te molesta o causa inconveniente, que fueras tú mi primer oficial. Cerraríamos el de Sevilla de momento, claro, y nos estableceríamos aquí. Dime si te parece bien y empezamos a planificar todo.

El carruaje recorría, bajo un sol de justicia, el camino de las ventas atravesando el valle de Alcudia. Juan apenas llevaba pertenencias, los aperos de trabajo y ropa que no sabía si le iba a servir en Madrid. Se detuvieron en una hospedería para comer y dejar descansar a los caballos. Agustín, el cochero, un tipo consumido, moreno y arrugado por el sol soportado durante tantos viajes, aprovechaba para contar sus historias siempre cargadas de una lógica difícil de encontrar en conversaciones más serias donde se imponía una compostura en ocasiones antinatural. Por ejemplo, Agustín querría ser rey por razones tan peregrinas pero tan contundentes como convertirse en el hacedor de caminos de España; si eras rey y decidías emprender viaje a lugares poco transitados, los lugareños de cada zona tendrían que procurar por ley la existencia de un camino por donde pudiera pasar la comitiva. Así que Agustín decidió que si fuera rey, estaría continuamente viajando y trazando su propia red de comunicaciones. Era ese un privilegio poco conocido por el pueblo, salvo en aquellos lugares por donde se desplazaba el rey. Tonterías que se aprenden en viajes largos donde el tiempo parece cobrar otra dimensión.

Juan nunca tuvo envidia de su hermano, tampoco Fernando, Silvestre, Francisco, Roque o Juana. Eran una familia numerosa y la prioridad de su padre fue intentar dar salida rápida al primogénito, lograr un hueco más en la mesa y un cubierto menos. No, nunca hubo envidia; además, el talento de Diego era tan grande que anulaba cualquier resquicio de celos. No se trataba de dos personas con una habilidad parecida priorizando la una sobre la otra. La envidia puede nacer si uno, con honestidad, se visualiza en el lugar del otro, pero Juan siempre fue conocedor de sus límites y jamás intentó compararse a su hermano mayor. Luego está la envidia enfermiza, que es la de los mediocres, pero ese es otro tema. Las envidias llegarán después desde otra dirección.

Entre pensamientos llenos de incertidumbre sobre el futuro próximo, el sueño se adueñó de Juan.

***

Sin Pacheco, ya lo saben, Velázquez no hubiese conseguido ese éxito tan rutilante, rápido e inaudito. Sí, el talento facilita mucho las cosas, pero no garantiza nada. El pesado viaje realizado por Juan lo hicieron de ida y vuelta tiempo antes Velázquez y su suegro. En el regreso del primer viaje a Madrid, ese en el que retratan a Góngora e intentan sin suerte hacer lo propio con el rey, se produce un hecho que quizá cambia la historia, al menos la del arte, para siempre. Habían realizado un alto del camino en la posada de Caracuel donde Pacheco siempre descansaba en sus viajes a la capital del reino. Allí tuvieron noticia de la muerte de Villandrando, el ujier del rey. El conde de Olivares buscaba ya reemplazo y pedía ver a Velázquez. El efecto Góngora podíamos llamarlo, el hombre pegado a una nariz tuvo buen olfato.

La diferencia entre alguien bueno en lo suyo y alguien excelente o especial se puede explicar con Villandrando y Velázquez. El primero, muerto joven y apenas tres años después de alcanzar el puesto de ujier, es un completo desconocido, salvo para los expertos y estudiosos. Cuatro de sus obras están en los almacenes del Prado, no se exponen y están solo unos metros por debajo de *Las meninas*, aunque en realidad habitan universos diferentes.

Al margen de la excepcionalidad, se debe tener en cuenta asimismo esa dosis de fortuna que termina convirtiéndose en el empujón necesario para alcanzar la meta. Villandrando no llegaba a los treinta y cinco años cuando se empezó a encontrar mal, cayó enfermo y murió casi sin tener que morirse. Quiso el azar que esa muerte llegara justo después del primer viaje a Madrid de un Pacheco con contactos y un Velázquez ambicioso.

Muchos artistas coetáneos de Velázquez tuvieron la suerte de vivir su tiempo, pero también de sufrir la condena de transitar los mismos años. Por hacer un símil futbolístico, es lo mismo que ser un buen jugador de fútbol en la era Messi. Velázquez era el Messi de la corte del siglo XVII. En 1617 se le concede la licencia para ejercer el oficio de pintor, en 1620 ya tiene aprendices a su cargo, en 1623, un 30 de agosto, el rey posa para él. De renunciar a aprender con Herrera a tener a Felipe IV delante. La suerte hay que saber buscarla y tener cerca a gente que ayude en esa búsqueda.

Imaginemos la cara de Carducho, por citar un nombre, preguntándose de dónde había salido ese joven, convertido de la noche a la mañana en retratista real. Todo el mundo hablaba de ese ascenso meteórico, de la influencia de Pacheco en el conde, de la extrañeza de mantener viva una plaza condenada a extinguirse. Se hablaba incluso de la capacidad de Velázquez para finalizar el retrato en una sola jornada.

Vicente Carducho no era un cualquiera. Hasta ese preciso momento quizá era el artista más influyente de Madrid, y no vio con muy buenos ojos (por decirlo de alguna manera) el fulgurante ascenso del sevillano: «Solo sabe pintar cabezas», llegó a exclamar. Para despejar dudas sobre favoritismos, tres años después, el rey convoca un concurso entre los pintores de la corte. Se trataba de realizar una composición sobre la expulsión de los moriscos. Gana Velázquez. No debió de sentar muy bien aquello. La envidia se torna mala en este caso. Por desgracia, el cuadro se quemó en el incendio del Alcázar.

Como muestra de las suspicacias despertadas por la irrupción del joven Diego en los círculos artísticos de la época, basta echar un vistazo a la obra de un poeta, el Fénix de los Ingenios. Lope de Vega era un gran entendido en pintura, la amaba, y escribió y dedicó versos a muchísimos pintores. Vivió hasta 1635, lo que quiere decir que coincidió y asistió al éxito velazqueño. Nunca le dedicó una palabra, un verso o la más mínima atención. Era muy amigo de Carducho, y el desprecio se convirtió en su mejor arma. También la envidia aquí debió de hacer acto de presencia. Lope siempre quiso equiparar poesía y pintura e incluso reivindicó la figura de un poeta real, como existía la de pintor. Todos querían ver la caída.

A los pocos meses Juana y Francisca llegan a Madrid, se establecen en una casa en la calle Concepción Jerónima. Hoy se puede ver una placa que lo recuerda. Allí también pone en marcha, años antes de hacerlo en el Alcázar, un pequeño obrador o taller por donde van pasando jóvenes artistas. En 1631, atraviesa la puerta del taller de la calle Concepción Jerónima Juan Bautista Martínez del Mazo, lo hace con humildad pero con determinación, y cargado de buenas recomendaciones. La historia se repetía.

18

La infancia de un pirata

—Carlos, ¿cómo vas? ¿Has avanzado algo? Mira, ¿te escribió Santi para contarte el tema del cuadro del Museo de Castres?

—Sí, sí. De Castres me has hablado muchas veces.

—Pero no de ese cuadro, este otro es el del *Cristo servido por ángeles en el desierto*, creo, no recuerdo exactamente el nombre.

Imaginaba el cerebro de Prosper como una especie de enorme biblioteca llena de libros y tratados de arte desorganizados y desordenados. Las ideas y los siglos se mezclan e invaden el subconsciente dando lugar a pequeños equívocos o errores rápidamente subsanados. Hablando con él baila un nombre, un autor, una fecha, pero siempre es ese fallo que nace del profundo conocimiento; si no conoces bien la obra de Pacheco, de Velázquez, de Sánchez Coello o de Roelas, no podrás nunca confundirlas. Una de las mayores afrentas o insultos escuchados en mi vida fue el lanzado por un profesor de Filosofía de la Facultad de Periodismo a un alumno cuando este trató de quedar por encima de él e incluso ridiculizarle. No soy capaz de rememorar con exactitud el tema, pero creo que versaba sobre el buen y el mal gobierno y los conceptos de justicia social, para desembocar en el concepto de felicidad y si la felicidad es personal y privada o siempre tiene un componente público y dependiente de las decisiones políticas. Sin profundizar mucho más allá y tras una agria discusión, el profesor, con una vena hinchada en la sien (había sufrido un ictus un par de años antes y siempre nos cuidábamos de disgustarle en exceso), le dijo: «Tu ignorancia no tiene lagunas». Es un insulto que requiere de un esfuerzo intelectual por parte del insultado; te lo dicen y durante unos segundos lo analizas, porque puede parecer un halago, pero no, te están diciendo que vives en un territorio llamado ignorancia sin un solo oasis donde cobijarse.

Pues aquí estábamos justo en el caso contrario. En cada conversación mantenida con Prosper, volvía a hacer gala de su saber enciclopédico, caótico sí, pero abundante; en donde no había lagunas era en su conocimiento. Estamos hablando, además, de una persona mayor incapaz de manejar ordenadores, ajeno a internet.

—¿Y qué tiene de especial este cuadro?

—No aporta mucho, pero puede serte útil en la investigación. La mesa de ese cuadro, el bodegón, parece haber sido pintado por Velázquez. Una de las razones de esta sospecha es su ejecución; está pintado con una calidad muy superior, con enorme diferencia sobre el resto. Estamos hablando de 1616, sería de sus primeras obras conocidas, junto a la nuestra, la de Juana, claro, que sería la primera obra individual.

Ese «nuestra» me pellizcaba de alguna manera, al mismo tiempo que me causaba cierta inquietud. Al decir »nuestra», Prosper está dando por hecho que nada malo puedo escribir sobre ella, le debo rendir la misma pleitesía, o sentir la misma fascinación, y eso no era así exactamente.

—Vuestra, Prosper, o tuya, mía no es la obra.

—Pero ¿no te gusta, no la sientes tuya? ¿No has experimentado ese encantamiento? Seguro que sí.

—Intento mantenerme neutral, entiéndeme.

—Terminarás cayendo. ¿Qué más cosas necesitas? Santi me comentó también lo de saber más de mi vida, tampoco es muy interesante. Nunca me ha gustado hablar mucho de mí.

—Lo comprendo, pero me gustaría conocer algún dato más.

—Pues fíjate, ¿de pequeño sabes por qué me llamaban «Prosper»? Es diminutivo de «Próspero», porque nací el día de San Próspero de Aquitania, el 25 de junio. Me acuerdo muy poco de mi niñez. ¿A ti te pasa? Por el camino soltamos vivencias del pasado y las más antiguas son las primeras en eliminarse, es como si fueran caducando si no vuelves a ellas de vez en cuando, y estamos demasiado atareados o distraídos con otras cosas y no tenemos tiempo ni de recordar. Solo me quedan pequeñas llamaradas de los primeros años. Un olor, una palabra, una canción, algo que de repente ilumina una pequeña parcela de la mente y se produce el milagro, y ese recuerdo se salva de ser destruido o reciclado, o como quieras llamarle. Dentro de no mucho tiempo ya no vi-

virá nadie de los que me conocieron. Poco queda de esa época llena siempre de futuro. Hay una parte de nuestra vida donde solo tenemos futuro y otra parte donde solo tenemos pasado, y la distancia que separa una parte de otra es muy corta. Perdona mi parrafada, pero evocar mi nombre infantil me ha hecho viajar a tiempos remotos y no suelo tener con quien hacerlo.

—¿Y tu apellido?

—Me apellido Lebrun, por mi madre.

—Prosper Lebrun... No suena mal.

La infancia de Prosper no fue fácil, se intuía ya en su manera de hablar, en esa nostalgia velada, un tipo de nostalgia que solo deja ver un trocito pequeño de lo sucedido y lo idealiza de tal forma que ayuda, en ocasiones, a soportar el lugar del que venimos.

—El apellido de tu madre es bonito. ¿Cómo era ella? —seguí indagando.

—Muy autoritaria, muy estricta, no nos entendíamos mucho, la quería, es difícil dejar de querer a una madre, diría que incluso resulta imposible. Puedes dejar de querer a un padre, pero ¿a una madre? Un dolor muy grande ha debido infligirte para perder ese vínculo tan especial que los hombres solo vivimos una vez en la vida y en una dirección. Tú lo viviste, pero ahora, si tienes hijos, no puedes hacerlo igual; es cosa de tu esposa. Las mujeres lo pueden vivir dos veces, como hija y como madre.

»Pues eso, yo la quería, la quise hasta el final. No fue la madre soñada, pero era mi madre. Yo crecí entre mujeres, mis cuatro hermanas, mamá y yo. Mi padre siempre ausente, siempre dispuesto a desacreditar cualquier logro.

»Murió cuando yo tenía unos diez años. No me preguntes la causa. Nunca me la dijeron. Un día dejó de estar, nos contaron a mis hermanas y a mí que se había muerto, y hasta hoy. Tampoco preguntamos mucho; en realidad, poco importaba, muerto o vivo servía de poco, incluso sentí algo de alivio al conocer la noticia, un alivio culpable y privado. Lejos de mejorar, mi madre se volvió más intransigente, más dictatorial, ese carácter debió de ser lo único que heredó de él. Y su salud empezó a debilitarse, la recuerdo siempre enferma.

A los doce años trató de escapar de aquella madre opresiva, pero fue devuelto a casa por los gendarmes. Fue el primer intento serio de huida de Prosper. Lo había planeado minuciosamente, esperado el momento de mayor silencio de la noche, sobre las dos de la madrugada, cuando solo se escuchaba la respiración acompasada de cinco mujeres en toda la casa. Calculaba tener alimento para dos o tres días a tenor de lo hurtado en cada comida y cena de aquellos días. A los doce años pensó sentirse preparado para emprender una vida en solitario. Duró diez horas y unos treinta kilómetros. No lo volvió a intentar; esperó seis años y, justo al alcanzar la mayoría de edad, se marchó para no volver.

—Y empecé con lo de los sellos.

—La filatelia, sí. —Solté una carcajada recordando lo de la piratería.

—Ya sé de qué te ríes.

—Perdón, Prosper, perdón. ¿Y nunca te casaste, nunca tuviste hijos?

—No, no, yo no estoy hecho para una vida familiar. Bastante tengo con cuidar de mí mismo.

De sí mismo y de Juana, pensé. No sé si de haber tenido un hijo, lo habría mimado tanto como a la chica del cuadro.

—Además, no hubiese podido dedicarme a estudiar, a documentarme e investigar —admitió—. Yo me veo más Sherlock Holmes, un «sabueso» que aplica la lógica. Puedes buscar en internet un artículo sobre mí muy divertido donde me llaman Hércules Poirot, que también me gusta. Pon en el buscador «El culo de Velázquez».

—¡¿El culo de Velázquez?! ¡Jajaja! Tampoco sería mal título para una novela.

—No te rías, está justificado. Es sobre el estudio de *El juicio final*, de Pacheco, y mi teoría de que el personaje de espaldas semidesnudo es nuestro amigo. Yo llego a esa conclusión después de mucho leer, buscar, comprobar y descartar. A eso dedico mi vida.

—Sí, me hablaste de lo del culo. Mi intención, Prosper, es buscar algo para afianzar tu hipótesis. No está resultando sencillo.

—Si necesitas más cosas, me llamas. Con los mensajes me manejo peor. O le dices a Santi.

Holmes y Watson, así los imaginaba a los dos durante muchas tardes en el despacho de Barcelona donde hace meses me citaron por primera vez.

Anexo al capítulo

Conduciendo hacia mi Murcia natal a dar una charla sobre «Las películas de mi vida» en la Filmoteca Regional, a petición del que fuera mi profesor de historia del cine, mi querido Joaquín Cánovas, me ataca una noticia en la radio. Sí, digo me ataca porque no dejan de atacarme cosas relacionadas con Velázquez. Es de esas noticias curiosas dedicadas a llenar los últimos minutos de un boletín, pero a mí todo me parece ya interesante. Se trata de una visita guiada a la iglesia de San Pedro, en Sevilla, para ver la pila bautismal donde recibió el sacramento el pintor el 6 de junio de 1599. Lo más interesante de la noticia es cuando el locutor afirma que ese es el primer acto documentado de su vida. Me gusta el nivel de detalle del escaso minuto de duración de la noticia:

> Imaginamos todavía dormida su pasión o instinto artístico, pero los ojos de ese bebé quizá se fijaron en los frescos de Pedro de Campaña, o mejor Peter Kempeneer, uno de los maestros del Renacimiento sevillano, un belga nómada llegado de Italia...

Es cierto que ese es uno de los primeros documentos sobre un Velázquez con una vida personal tan poco acreditada. Casi todos los papeles hallados hacen referencia a trámites burocráticos. Se siente mucha impotencia cuando se intuye una vida tan diferente, llena de cosas por contar.

19

La historiadora

Por fin, Santi me pasaba el intercambio de mails con la historiadora, una de las pocas personas que había hecho caso a Prosper y se había tomado las molestias de analizar y ver el cuadro con detalle y sin prejuicios. Tenía mucha curiosidad por conocer su opinión.

Querido Carlos,

Tal como me pediste, te remito el mail enviado por la historiadora tras enseñarle a Juana. Verás que hay discrepancias, pero en lo principal estamos de acuerdo.

Estimado Santi,

He estado analizando el retrato y considero varios puntos a tratar.

Lo primero es la calidad del retrato: realmente es muy interesante.

Lo siguiente es una súplica: por favor, no toquéis el cuadro. Después de haber sido restaurado en varias ocasiones, la pintura va perdiendo. Desaparecen veladuras y transparencias y lo que era una cosa, se convierte en otra, imposibilitando una atribución certera.

Entrando en materia, no he podido conseguir una buena reproducción de El juicio final *de Pacheco al que hacéis referencia y en el que encontráis rasgos parecidos entre vuestra dama y la mujer retratada abajo a la izquierda por Pacheco, pero, por lo que he visto, el cabello de esa señora allí pintada es más oscuro y estamos hablando, en el caso de vuestro cuadro, de una mujer muy rubia. Por lo que se refiere al supuesto retrato de Velázquez de espaldas, también aparece representado con ese color de pelo tirando a negro, y algo que queda claro en sus retratos es que su cabello era negro muy oscuro.*

Las figuras representadas en ese «juicio final» me parecen de más edad que la que tendrían en ese momento Velázquez y Juana Pacheco. Esa mujer no tiene nueve ni doce años. Y, con lo que era Pacheco, me extraña que situara a su hija, desnuda, en una posición tan preeminente en el cuadro. De hecho, el pretendido Pacheco nos muestra solo su cara. ¿Va a poner a su hija pequeña desnuda en un primer plano?

Es cierto el parecido del rostro. Tal vez hubiera que buscar entre otras mujeres de la familia. Y, tal vez, habría que rebuscar en la Adoración de los Reyes Magos, *la cual rechazas, para encontrar similitudes, que las hay.*

Espero haberte sido de ayuda.

Mi correo de vuelta fue para pedirle a Santi el teléfono de esa mujer y poder charlar con ella un rato.

No sé si es algo personal o le sucede a alguien más, pero tengo ciertas manías a la hora de efectuar determinadas llamadas de teléfono importantes, como buscar un sitio silencioso sin gente que pueda escucharme o interrumpir, ponerme auriculares para poder tomar notas tranquilamente y, cuando fumaba, tener un exterior cerca.

Me contestó al tercer tono.

—Hola, soy Carlos, me ha dado tu contacto Santi, el amigo de Prosper.

—Ah, sí, hola, Carlos, ¿qué puedo hacer por ti?

Entramos directamente al núcleo de la conversación.

—Mira, Carlos, él está empeñado en que es Juana, y a mí eso es lo que no me encaja —declaró sin más preámbulos—. El cuadro es muy bonito, y tiene algo. No es un retrato más, podría ser de la primera mitad del siglo XVII, pero mi opinión es que es posterior, no creo que sea Juana joven. Hice una búsqueda rápida, y por el collar, los pendientes, el peinado, para mí es más tardío. Sería más la hija, Francisca, que su mujer. Tú ves retratos de diez o quince años después, del Velázquez madrileño y se parecen, se parecen mucho —argumentó—. Por eso te digo, no tengo problemas en ahondar en esa teoría, pero la suya no la comparto. Además, y no es un detalle menor, Juana no era tan rubia. En la *Sibila*, que todo el mundo coincide en señalar a Juana como la modelo, el cabello es mucho más oscuro, y en la *Adoración de los Reyes Magos*, donde también parece que Velázquez utilizó el entorno familiar, la Virgen también lo tiene de otro color. Sin embargo, el Niño Jesús de ese cuadro sí lo tiene rubio, y ese niño Jesús es casi seguro Francisca, como afirman numerosos estudios.

—¿Y qué se hace con un cuadro como este? —No pude evitar formular esa pregunta—. ¿Qué puede hacer Prosper? Estoy empezando a ver esto como la historia de un fracaso, de alguien que casi vive obsesionado por una obra, por un cuadro, por una señora pintada hace cuatro siglos. ¿Qué puede hacer?

—La verdad, no lo sé, no lo sé —admitió—. Sacar un cuadro de Velázquez a la luz es prácticamente imposible; eso corresponde a unos cuantos elegidos. Y mira que el cuadro es buenísimo, y si él no estuviese tan obcecado en lo de Juana, a mí, estudiándolo con más detenimiento, no me importaría decir que es un Velázquez, pero siempre que considere que es su hija, Francisca, no Juana. ¿Que qué se hace con un cuadro así? Pues como hay muchos en salones, casas y trasteros, nada o casi nada.

—Entiendo. No sé si te mandó el folleto de la subasta, primero en Bonham's, donde aparece como círculo de Sánchez Coello, y después de Sotheby's, ahí sí ya como «círculo de Velázquez», e incluso en la procedencia pone «Lord Londesborough, as Velázquez». Así estaba en una etiqueta perdida en algún momento del proceso.

—Sí, ya me comentó todo eso. Y, mira, te puedo decir que los mejores Velázquez que existen, al menos en manos privadas, están en Inglaterra. Se lo llevaron todo. Así que, si el cuadro procede de un lord inglés, tiene hasta pedigrí.

—Pero me he vuelto loco buscando registros o inventarios y nada, me dejo los ojos mirando en catálogos.

—Qué va, ellos no hacían registros o inventarios, eso es cosa nuestra. Ellos se lo llevaron y listo.

—Bueno, muchas gracias. Voy a seguir tirando de no sé qué hilo para ver si puedo dar forma a una especie de crónica de un cuadro. En cualquier caso, eso te lo confieso, cuando me acerqué a verlo en persona, no me decepcionó, me pareció que estaba dotado de ese algo que tienen determinadas obras.

—Esa atmósfera, sí —afirmó ella—, lo llamamos atmósfera, y está solo al alcance de los grandes. Yo, cuando la vi, pensé en los años treinta, 1633 creo recordar, en la boda de Francisca, la hija, con Martínez del Mazo. Ahí coincide con una serie de retratos de algunas damas de las que se desconoce el nombre, aunque recuerdan mucho a ella en la manera de vestir o en los adornos. Podría tratarse hasta de un regalo de bodas de Velázquez a su hija. La chica del cuadro es muy joven como para ser pintada por Velázquez con ese estilo que pertenece a una época posterior, o yo lo veo así. La moda no era esa a principios del siglo XVII.

Esta conversación así escrita no deja entrever los balbuceos, los rodeos y los tierra trágame. Quiero decir, es difícil explicar en qué estás trabajando sin parecer algo trastornado. Hablaba con los expertos justificándome, como diciendo: oye, yo soy de los vuestros, no he perdido el juicio, sé que no es un Velázquez, pero me hace gracia el asunto, lo hago por eso, por gracia, nada más, no os vayáis a creer que el tipo que más reportajes ha hecho en el Museo del Prado los últimos diez años, el mismo que ha estado a solas con *Las meninas* varias veces, es un iluminado terraplanista defensor de extrañas teorías. No, amigos y amigas, yo soy de los vuestros y un poquito, solo un poquito, de Prosper también. Esto dicho con la boca más pequeña con la que se puede decir cualquier cosa. Algo así como: «Pero Prosper sabe mucho», declarado a toda velocidad y casi de manera indescifrable.

De todas formas, la historiadora era diferente, no juzgaba, su tono no era el de alguien que cuestiona todas las teorías porque solo las suyas son las válidas. Escuchaba y dejaba puertas abiertas; en ningún caso se mostraba tajante o dictaba sentencia, encontraba argumentos para defender hipótesis, aunque se mostrara contraria a una de las principales creencias de Prosper. «No es Juana». Debo reconocer que, a medida que avanzaba la conversación, yo iba sintiendo mayor tranquilidad, y el tono dubitativo y casi vergonzoso dejó paso a una charla informal con posibilidad de plantear todo tipo de dudas de manera más abierta.

Antes de llamarla, investigué un poco su pasado velazqueño. Me pasé un par de días leyendo su tesis doctoral dedicada al pintor y dirigida por uno de los mayores expertos en pintura barroca y exdirector del Gran Museo. Esa tesis era una demostración de su amplio conocimiento; no era una voz más, era alguien para el que nuestro protagonista es casi un familiar, sabe de su personalidad y su manera de pintar más que muchos con mayores ínfulas.

De todas formas, la historiadora sí sabía apreciar esos conocimientos de Prosper, para ella no se trataba de un simple tarado que se creía en posesión de un Velázquez.

—¿Y sabes otra cosa? —prosiguió—. Al principio, algo que me llamó a mí mucho la atención es que Prosper lo identificara con la familia de Velázquez si no eran rubios. Y yo me preguntaba, ¿pero cómo dice eso? Pero luego, reflexionando un poco más, me di cuenta de que no hablaba por hablar, porque sí que eran rubios, por lo menos una parte de ellos tienen el pelo rubio. Obviamente, el propio Velázquez no, hay autorretratos de él, pero no sabemos cómo eran ni la mujer ni la hija. Y si te fijas, en la *Adoración de los Reyes Magos*, el Niño Jesús que, como te decía, es Francisca, su hija, es rubia. La rama rubia de la familia es probablemente un descubrimiento suyo.

—Pues es curioso, sí. Prosper puede ser muchas cosas, pero que tiene conocimientos enciclopédicos de arte es indiscutible. Oye, gracias por atenderme y no descarto volverte a llamar. Ya te digo, no pretendo llegar a ningún sitio, sobre todo porque me quedo sin hilos de dónde tirar y no va a aparecer un documento del cuadro donde ponga, esto lo pintó Bartolomé González, Sánchez Coello o... En realidad, ¿sabes el documento que más ilusión me haría encontrar, más incluso que el de la autoría de Velázquez? Uno donde se dijera; «Cuadro de Juana Pacheco». Me encantaría, eso sí sería un descubrimiento. Un autorretrato, o un retrato realizado por ella a su hija.

—Eso sería muy bonito, claro. Ella pintaba, ya lo sabes. No sería descabellado, pero imposible de demostrar. No busques un final feliz para esta historia, y me refiero a que en arte los tiempos son lentísimos, nunca llegaría a tiempo ese final. Si acaso, plantea hipótesis, preguntas y quizá tus espectadores o tus lectores puedan crearse su propia idea. Pero demostrar, sacar a la luz una obra de un artista del *top ten* es prácticamente imposible —insistió—. Aunque tuvieras las pruebas, te las rebatirían, ni con un documento podrías verificarlo. Se acepta lo que se quiere; es así, frustrante y, en ocasiones, necesario. Te voy a decir uno de los principales problemas de los historiadores: no ven cuadros, no van a verlos, no se molestan en ir y comprobar, y lo principal es mirar, ver, entrenar el ojo. Todos se apoyan en estudios técnicos, pero no salen de los despachos —concluyó, y luego ya inició la despedida—: Bueno, para lo que necesites, llámame. Y una cosa, insiste con el lord inglés, los ingleses son muy suyos, pero siempre responden.

—Mira, eso me dijo también una conservadora.

—Es que es así; les gusta todo lo que tenga que ver con sus ancestros y con los legados, y mucho más con la historia. Te animo a hacerlo. Oye, y no pienses que esto es la crónica de un fracaso, no le des ese final triste a la historia, cambia un poco el desenlace. Es un cuadro precioso, y quizá dentro de un tiempo tenga una nueva vida, pero no termines triste.

—Triste no, pero tampoco eufórico —admití—, templado, como suelo ser yo. La teoría de un retrato de Juana Pacheco era tan bonita sobre el papel...

—Y lo es, pero también es bonita la de su hija. Imagínate, están todos trabajando en el Buen Retiro, en un palacio llamado a ser una de las maravillas de Europa —fantaseó—, están ocupadísimos llenándolo de obras de arte, están Velázquez, Mazo y compañía. Y le hace un regalo a su hija por la boda.

—Es bonita también, sí. Muchas gracias por haberme dedicado tu tiempo.

—Gracias a ti, y oye una cosa, ¿tienes fotos del cuadro? Más allá de la primera enviada por Santi, no tengo más y me gustaría contrastarlas con obras de la época.

—Tengo muchas, las hice cuando le visité.

—Pues mándamelas, y cuando tenga tiempo les echo un vistazo con detenimiento y te hago un pequeño informe —propuso.

—Oh, sería estupendo. Muchas gracias.

—A ver si te contesta el lord inglés, en este tipo de investigaciones se abren puertas en los lugares más insospechados.

—De acuerdo. Si me entero de algo, te tendré informada.

Me sorprendió la buena disposición, y su amable talante me hizo recuperar en cierto modo el optimismo. A pesar de su firmeza en algunos argumentos, era alguien dispuesta a escuchar y a debatir, algo, aunque parezca mentira, poco frecuente en determinados círculos académicos.

A los dos días, la historiadora me envió un breve estudio comparativo de diferentes vírgenes inmaculadas, reforzando su idea. Juana, para ella, no es Juana; la supuesta Juana es la hija de Juana, Francisca.

A los menos entendidos en estos temas una buena teoría nos convence rápidamente. Si alguien autorizado te dice una cosa y te la explica y aporta pruebas, caes rendido. Yo iba cayendo rendido ante cualquiera con el que hablaba, daba igual si estaban muy en contra o muy a favor; mis pareceres iban fluctuando con ellos, y quien dice pareceres dice ilusión. Cuando concluyó nuestra charla, la sensación de euforia había crecido ligeramente. Una euforia contenida, pero suficiente para seguir en el empeño. Como vengo diciendo, es muy posible que todo sea un bluf, pero es un bluf de calidad.

***

Antes de avanzar voy a enviar el correo al único Londesborough del que tengo contacto y no directo. He estado retrasando esa comunicación durante semanas de forma premeditada, como si en las manos de ese lord estuviese el destino de la chica del cuadro. Pido asesoramiento a mi compañero D., corresponsal en Reino Unido, me dice que pruebe suerte; no es tan optimista como la conservadora. «Si les apetece o interesa el tema, contestan». Ojalá, sería un salto importante.

El actual lord es, claro, miembro de la Cámara de Lores, y para hacerle llegar un mensaje debo escribir a un mail genérico a dicha casa. En la página de contacto advierten de que: «El Parlamento se toma muy en serio la seguridad y el bienestar de sus miembros. Cualquier contacto que sea amenazante u ofensivo puede pasarse a la policía para que actúe». Ahí poco debía temer, no creo que se tome como algo ofensivo mi interés por el cuadro, por Juana y por su colección. Más complejo es hacerle llegar el correo de forma correcta y ateniéndose a las siempre escrupulosas y, en muchas ocasiones, admiradas maneras británicas. En otro epígrafe del formulario se intenta resolver una duda: «*When should I contact a Lord?*», «¿Cuándo debo contactar con un Lord?». Aquí ya la cosa se tuerce un poco: «Los lores examinan asuntos de interés público, por lo que es posible que desee ponerse en contacto con un miembro individual para preguntarles sobre un proyecto de ley en el que estén trabajando».

Depende de la perspectiva con la que miremos el asunto: la primera parte de ese enunciado encaja a la perfección con mis aspiraciones: lo del cuadro, y si fuera un posible Velázquez, es un asunto de interés público, no quizá en el sentido en el que ellos lo expresan, pero interés tenía. Luego debía estudiar con detenimiento la fórmula exacta para escribirle:

Beginning of email/letter... Dear Lord X
End of email/letter... Yours sincerely
Envelope... The (Rt Hon.* the) Lord X

Pido ayuda a un par de amigos y me lanzo al ruedo:

Dear Lord Londesborough

I hope this letter finds you well. My name is Carlos del Amor, journalist and writer in Spain and I am writing to you regarding a matter of historical significance, specifically concerning a painting that once belonged to your esteemed family.

The painting in question is one that bears a label describing it «as Velázquez». It is a captivating piece, possessing a unique atmosphere that has intrigued many art enthusiasts. Currently, the painting resides in the possession of a collector residing in Barcelona, who believes it to be a portrait of the renowned painter's wife, Juana Pacheco. However, opinions among scholars* *vary, with some suggesting it might depict the daughter of Velazquez, while others regard it as a lesser work.*

Given your family's rich history and extensive knowledge of its possessions, I am reaching out to inquire if you have any information regarding this painting. Specifically, I am interested to know if it appears in any family inventories or records. Additionally, I would greatly appreciate any insights or suggestions you might have regarding where I could further research the painting's provenance and significance.

Your assistance in shedding light on this matter would be immensely valuable, and I am eager to learn more about this captivating piece of art that holds a connection to your distinguished lineage.

Thank you for your time and consideration. I eagerly await your response.

Sincerely,

Carlos del Amor

** This is the link to the Sotheby's page corresponding to the auction and where «Londesborough» appears in the provenance**.*

---

* *Estimado lord Londesborough,*

Espero que cuando reciba esta carta se encuentre bien. Mi nombre es Carlos del Amor, periodista y escritor en España, y me dirijo a usted en relación con un asunto de importancia histórica, concretamente sobre un cuadro que perteneció a su ilustre familia.

El cuadro en cuestión lleva una etiqueta que lo describe con la frase: «De Velázquez». Se trata de una obra fascinante, que posee una atmósfera única que ha intrigado a muchos aficionados al arte. En la actualidad, el

Pues ya estaba. Y una vez enviado, mientras transcurren esos segundos en los que todavía puedes arrepentirte y lanzarte a ese «deshacer envío», empiezan las dudas. ¿Y si he cometido algún error o una falta de ortografía imperdonable fruto de las prisas? ¿Y si los amigos a quienes he obligado a repasar el texto no han estado finos en la corrección y no se entiende la mitad del correo? o ¿para qué mando esa parrafada si lo único que puedo conseguir es una decepción, una más? Todo eso atraviesa el pensamiento en ese pequeño espacio de tiempo, un instante nada más, en que todavía puedes dar marcha atrás. Una herramienta nacida para torturar

---

cuadro es propiedad de un coleccionista que reside en Barcelona, que cree que se trata de un retrato de la esposa del célebre pintor, Juana Pacheco. Sin embargo, las opiniones de los expertos varían, ya que algunos sugieren que podría representar a la hija de Velázquez, mientras que otros la consideran una obra menor.

Dada la rica historia de su familia y el amplio conocimiento de sus posesiones, me dirijo a usted para preguntarle si tiene alguna información sobre este cuadro. En concreto, me interesa saber si aparece en algún inventario o registro familiar. Además, le agradecería mucho cualquier idea o sugerencia que pudiera tener sobre dónde podría seguir investigando la procedencia y el significado de esta obra.

Su ayuda para arrojar luz sobre este asunto sería inmensamente valiosa, y estoy ansioso por saber más sobre esta fascinante obra de arte relacionada con su distinguido linaje.

Le agradezco mucho su tiempo y su cortesía. Espero ansiosamente su respuesta.

Atentamente,

Carlos del Amor

*** Este es el enlace a la página de Sotheby's correspondiente a la subasta y en la que aparece «Londesborough» en su procedencia.*

indecisos. Mientras sopesaba ese «deshacer envío», pensaba en alguna especie de lugar futurista donde los correos aguardan para ver si finalmente siguen camino a su destino final o mueren en el intento. Si existiese —quizá exista— un servidor de almacenamiento de los envíos deshechos, de los arrepentimientos de última hora... Ojalá en la vida existiese esa opción, la de expresar algo verbalmente y tener unos segundos para anular lo dicho y tragarnos las palabras. La de conflictos que nos ahorraríamos.

En cualquier caso, no iba a hacer uso de la opción, el mail ya estaba en algún buzón del Parlamento británico donde imagino que un funcionario lo leerá y decidirá si remitirlo al lord o mandarlo a la papelera de reciclaje; si ese fuera el caso, nunca lo sabré, pero mi suerte ahora depende de alguien de tez blanca, pecas y apellido Campbell, no me preguntéis por qué lo sé, no lo sé, lo imagino, demasiadas películas de Ken Loach a mis espaldas.

Entro en la carpeta de enviados para asegurarme. Ahí está, la primera vez que me dirijo a un lord.

20

Primer viaje a Italia

Empezaba a molestarme eso de enseñar el cuadro a la gente y ver cómo se reían de su pelo o comentaban si era poco agraciada la chica. Era ya casi una cuestión personal: un poco de respeto. Cuántos de nosotros aguantamos el peso del tiempo, cuántos podemos echar un vistazo a fotografías de veinte o treinta años atrás y no sonrojarnos. La moda y sus caprichos siempre pasan factura. Si repasamos las grandes pinturas de Velázquez, comprobaremos que es algo común, no es Velázquez un artista adulador. La última en esbozar una sonrisa al ver a la dama de Prosper fue una compañera a la que no me quedó más remedio que mostrarle, por ejemplo, el retrato de María de Austria, «también» de Velázquez, una obra resplandeciente, bien cuidada, restaurada y mimada y con un peinado similar, realizada durante su primera aventura italiana.

En ese primer viaje a Italia efectuado por Velázquez se produjo otro encuentro que indirectamente tiene bastante relación con nuestra dama. Ese viaje es un punto de inflexión en su biografía pictórica, el segundo lo será en su biografía personal. En junio de 1629 parte de Barcelona formando parte de la expedición de Spínola, el general genovés que regresa a su tierra después de servir a Felipe IV, un general al que, aunque no lo sabe todavía, pintará años después en *La rendición de Breda*. Es en la última etapa de este periplo cuando recibe el encargo de retratar a la hermana del rey antes de emprender el regreso a Madrid.

Ese cometido retrasa su llegada a la capital del reino, pero María de Austria partía para Alemania y Felipe IV quería tener un retrato suyo en palacio. Ella quería conocer a Velázquez; su hermano parecía hechizado por ese artista al que otorgó el privilegio de ser el único en poder pintarle. Los rumores entonces se agigantaban cuando la distancia crecía; entre Madrid e Italia esa distancia era muy grande y en el camino había muchos oídos y bocas capaces de retorcer o, en este caso, agrandar un chisme. Fueron unas cuantas jornadas en Nápoles hasta completar el encargo.

El futuro de María de Austria estaba escrito: llegaría a Alemania para contraer matrimonio con Fernando de Habsburgo, rey de Hungría y próximo emperador. Aquellos días de otoño de 1630 Velázquez ya era otro pintor. Deslumbrado por Venecia y Roma, su estilo se afianza a la vez que va mutando poco a poco hasta la madurez.

Fueron meses que marcarían para siempre al sevillano, viendo maravillas creadas por el hombre, manteniendo conversaciones y tertulias no solo artísticas, sino también de un alto nivel intelectual. En Villa Medici se cruzaría con Galileo Galilei, investigado durante muchos años, acusado de hereje y a punto de publicar el revolucionario *Diálogo sobre los principales sistemas del mundo.*

La futura reina no quería oír hablar de posibles herejes, pero sí le interesaba mucho todo lo relacionado con las corrientes artísticas imperantes en la deslumbrante Italia. Así, durante la estancia del pintor en Nápoles para realizar su retrato, las conversaciones con ella versaron especialmente sobre arte...

Hablaron de Guercino, que cambió la forma de entender la pintura del ya no tan joven Diego. Su manera de iluminar rostros, de forma más clara, y sobre todo cómo daba un halo de normalidad o cotidianidad a las figuras religiosas le parecieron el mayor de los descubrimientos. En España se representaba a los santos y santas con mucha pompa y adorno que los alejaban de, llamémosle, la gente normal. Pero los santos son hombres y mujeres tocados por la divinidad sí, pero de carne y hueso, y eso lo habían olvidado los artistas. Velázquez pudo, gracias a esas obras, ir un poco más allá y realizar también el camino inverso, probar a dar un toque de santidad al vulgo, a bufones, esclavos, criados y personas anónimas. Otorgarles una dignidad de la que les privaba hasta entonces la mirada ajena.

La infanta escuchaba con atención, y con una sonrisa pidió que no pusiera en práctica en esa ocasión lo aprendido, mejor no vulgarizar a la próxima reina de Hungría.

Ese retrato de María de Austria será, cuatrocientos años después, comparado con el de nuestra joven dama. Ambos se caracterizan, entre otras cosas, por lo blanquecino de la piel de la modelo, por unas miradas sumamente parecidas, en ambas un ojo parece más grande que el otro, un peinado de características similares y un aire en general semejante. Eso es, sin entrar en análisis de expertos o juicios de valor, algo innegable si eres un simple aficionado. Si hiciéramos una encuesta mostrando a las dos mujeres, muchas personas establecerían entre ambas una clara relación. Ella es la pintura referida en el primer mail de Santi, la que aparecía al meter a nuestra dama en Google Lens o Google Imágenes para buscar pistas.

Retratista y retratada seguían confesándose, él reconociendo el privilegio de moverse por Roma siendo pintor real y con las cartas de recomendación de Pacheco. Ella exteriorizando sus miedos e inquietudes ante una vida que se presentaba ya planificada y con pocas sorpresas; el futuro es un lugar donde la posibilidad de cambio siempre debería estar presente. Velázquez le describía la Capilla Sixtina como algo inspirado directamente por Dios y donde había pasado horas y horas forzando el cuello y la mirada, descubriendo detalles nuevos en cada intento.

En nuestro presente es impensable que alguien no haya visto la Capilla Sixtina o cualquier otra joya del mundo, se puede disfrutar *in situ* o verse a través de fotografías, vídeos o cualquier otra vía. Pero, en aquella época, viajar durante largas jornadas era la única forma, contemplar era un verbo demasiado acotado, solo se contemplaba lo cercano. Generaciones enteras se extinguían sin haber visto mundo, sin saber de la existencia de tantas cosas. El mundo se acababa en la ciudad donde se nacía. Velázquez, siendo un privilegiado, pudo viajar dos veces a Italia.

Durante los últimos años he ido bastante a Italia, a dos ciudades que él pisó. Roma, claro, pero también Venecia. Cómo sería su cara al navegar alguna vez por el Gran Canal. Insisto, ahora todos hemos visto Venecia incluso sin haber ido, el factor sorpresa no existe en ese aspecto, pero para alguien del siglo XVII debía de ser una experiencia cercana a lo místico. Hemos ganado muchas cosas, pero también se ha perdido la posibilidad de ver por primera vez algo.

Yo conocía por fotos la Scuola Grande di San Rocco, pero nunca había estado. El *vaporetto* tuvo que hacer una parada de emergencia por dos golpes de calor, una niña pequeña, sin más complicaciones, y un hombre mayor al que tuvo que llevarse una ambulancia acuática. Continuamos el camino hasta la parada de San Tomà sin más percances; desde allí en diez minutos llegas a esa Scuola donde Velázquez quedó abrumado por la obra de Tintoretto.

Con la impresión causada por todo lo visto escribe a su esposa.

> *Querida Juana,*
>
> *Te escribo desde la ciudad más increíble que han visto mis ojos. Es una ciudad sacada de un sueño, diseñada por los dioses de la belleza y el capricho. Había leído y oído mucho de ella, pero nada como visitarla. El agua está por todas partes, sus calles son navegables. A Vene-*

cia la atraviesa un Gran Canal, y surcándolo pasas por debajo de uno de los puentes más bellos que puedes imaginar, el de Rialto. Subido a él puedes admirar una vista tan hermosa que desistí de pintarla por ser incapaz de igualarla. Ojalá, si hay más viajes, puedas acompañarme. Nadie debería morirse sin ver esto.

Te tengo que dejar, estoy copiando un cuadro de Tintoretto. Te lo enseñaré a la vuelta.

Siempre tuyo,

Diego

María de Austria quedará con la imagen fijada por los siglos como la mostró Velázquez: la mirada de aquella mujer, una mirada detenida en el frío mes de diciembre de 1630, cuando contaba con veinticuatro años. Era frecuente utilizar el retrato para guardar un recuerdo de aquella persona a la que con toda probabilidad no se iba a ver en mucho tiempo o incluso nunca más. También, si se tenía la posibilidad y el poder económico, era una estupenda forma de ver la evolución física de una persona.

De vuelta en Madrid, Velázquez enseña el cuadro primero a su suegro, que le felicita al haber sido capaz de captar la personalidad de la real hermana. El yerno le agradece las facilidades disfrutadas durante el viaje, confesándole que necesitaría muchos viajes para poder conocer toda la belleza encontrada.

Pacheco le advirtió del impacto en la pincelada. Quizá no se daría cuenta de una manera inminente o consciente, pero el viaje le iba a transformar tanto en la forma de mirar como en la manera de ver al prójimo. Despacharon sobre diversos asuntos más, y el maestro se interesó en el comportamiento de Juan, al que Velázquez auguraba un buen futuro. Era aplicado, pintaba con destreza e incluso pidió hacer algún dibujo y opinar sobre obras. Ese Juan, una especie de criado durante ese viaje, era muy probablemente Juan Bautista Martínez del Mazo. Juan pasaría a ser discípulo de Velázquez primero y yerno después. La historia de aprendiz casado con la hija del maestro del taller se iba a repetir.

Ese primer viaje cambió por completo la mentalidad del joven artista, su formar de mirar y de ver el mundo experimentaron una enorme madurez. Fueron meses llenos de libertad, arropado por los embajadores de cada ciudad, las cartas de recomendación, un buen salario. El sueño de todo pintor.

Hay un ejemplo contundente y definitivo sobre la maestría a la hora de pintar de Velázquez. Queda patente si se busca el retrato realizado por el anterior pintor de la corte, el malogrado Rodrigo de Villandrando, a la infanta unos años antes. Actualmente no se expone, pero la imagen habla por sí sola, la mirada, la atmósfera, el rostro. Es un buen retrato, pero no es un Velázquez.

21

Ahora es Isabella

Empezaba a preguntarme si ver a Velázquez en todos sitios no rayaba en lo obsesivo también en mi caso. Si visitaba Venecia, quería seguir sus pasos; si iba al Prado, una especie de fuerza sobrenatural me arrastraba a sus salas, y cuando lograba escapar de su campo gravitatorio, me encontraba de repente con la *Magdalena penitente* de Guercino y volvía a entrar en esa espiral casi enfermiza.

Prosper me ha llamado un par de veces. Quiere saber de mis avances. Va a dar una serie de charlas en diferentes galerías y no cree conveniente hablar de su Juana, podría despertar el interés de más gente. Le he dicho que no hay problema, faltaba más. La historia no me pertenece, solo he tenido acceso a ella. Me ha dicho que anda algo flojo física y mentalmente. He intentado levantarle el ánimo, algo que solo se puede conseguir hablándole del cuadro.

—Sí, sí, claro, tiene mucho encanto —vuelvo a repetirle por enésima vez.

Pero ya no se lo digo por decir. Lo creo firmemente.

¿Recuerdan cuando contaba que nuestro cuadro me gustaba, pero con limitaciones? Pues bien, ahora me gusta todo de esta dama, hasta el peinado. Cuanto más la miro, más misterio encuentro en ella, y más verdad, y no será de Velázquez, pero la expresión de esos ojos no la pintó un don nadie, detrás hay un muy buen pintor o pintora, del que casi seguro nunca sabremos nada.

El tiempo le habrá vencido como a tantos artistas y obras. No estar en el sitio adecuado, en el lugar adecuado, en el libro adecuado, en el catálogo adecuado, en el inventario adecuado. Una anotación hubiese cambiado su suerte.

Seguía andando a tientas, empezaba a desconocer el final de esta aventura, o mejor, empezaba a no saber dónde iba a terminar. Eso es lo que pasa cuando la protagonista de la historia es una completa desconocida y no tiene ni siquiera biografía, y el coprotagonista, siendo uno de los personajes más reconocibles de la historia, pareció empeñarse en poner las cosas difíciles a quien quisiera profundizar en su figura tiempo después.

Pero mi suerte iba a cambiar. Había perdido la cuenta de los correos electrónicos enviados a expertos, casas de subastas, museos, historiadores y escritores pidiendo auxilio. Las contestaciones, ya lo he contado, variaban desde la más absoluta indiferencia a gentiles respuestas de tipo:

1. Es una obra interesante, enigmática, con una mirada atractiva más cercana a Van der Hamen y menos a Velázquez.

2. Siento no poder ayudarle, no conozco la obra e incluso no me parece que tenga ningún aire velazqueño.

Cuando recibía la respuesta número dos no podía evitar empequeñecer, pensar en la cara del investigador. Me sentía ridículo por haber llevado tan lejos aquel mail.

Pero esa tarde recibí una inesperada contestación a una petición de ayuda que casi ni siquiera recordaba haber solicitado. Hace muchos años conocí, haciendo un reportaje, a un historiador con enormes dotes para comunicar, quiero decir para salir en televisión y contar las cosas de manera entendible por todos. Había dejado España para fichar nada más y nada menos que por la National Gallery, especializándose en piezas de grandes maestros. Imagino que en esa primera oleada de mails, mitad desesperados y mitad ilusionantes, enviados al principio, recurrí a él para ahondar por ahí en la vía inglesa del barón, a pesar de mi poca paciencia y pudor para esta investigación.

> *Querido Carlos,*
> *Ante todo, disculpa la tardanza en darte respuesta. No ha sido sencillo rastrear a tu dama, pero creo haber dado con su origen o al menos acercarme bastante. Me ha echado una mano un colega del servicio de documentación del museo. Te adjunto tres ficheros.*

Era la respuesta de un erudito y de alguien muy generoso. Se había tomado muchas molestias, e intuyo que bastante tiempo, en encontrar un hilo fiable del que tirar. Lo primero que hice fue abrir los archivos adjuntos, las fotografías. Dos de ellas pertenecían a un catálogo de 1888 de la subasta de Christie's, esa famosa subasta donde los descendientes del primer barón vendieron casi todo y por la que les he preguntado en un par de ocasiones sin obtener respuesta. La primera imagen corresponde a la portada y en la segunda vienen las obras puestas a la venta. Ahí, entre Escalante, Carreño, Zurbarán, Maratti, Guido y Moretto, aparecen dos cuadros de «Velasquez»:

94. *Isabella, first wife of Felipe IV.*
95. *Felipe IV of Spain.*

Mi confusión creció, ¿dónde estaba Juana, o dónde estaba algo referente a una dama desconocida? Una vez vistas las fotografías, me sumergí en el texto.

> *El primer adjunto es un texto inédito sobre el coleccionista Albert Denison, 1er barón de Londesborough (1805-1860). Fue célebre como coleccionista de antigüedades medievales y renacentistas, así como de otras obras de arte. El texto es del historiador Raymond Foden-Montesco (copyright).*
>
> *Es casi seguro que fue el primer barón quien adquirió el retrato velazqueño de una dama sobre el que me has escrito.*
>
> *Es probable que el cuadro sea idéntico a otro que aparece en una venta de Christie's en Londres a nombre del conde de Londesborough, presumiblemente hijo del 1er barón, el 7 de julio de 1888, como lote 94 («VELASQUEZ, Isabella, primera esposa de Felipe IV», imagen*

adjunta). Una nota manuscrita en la copia del catálogo de la biblioteca de la National Gallery afirma que fue comprado por «Horan», presumiblemente un marchante de cuadros londinense. Esta información fue facilitada por mi colega William Preston, un eminente historiador, documentalista y experto en pintura española.

El lote 95 de esa venta era un retrato de Felipe IV, que sin duda es idéntico a un cuadro que se vendió en una pequeña casa de subastas de Indiana en 2011. Ese cuadro, cuyas dimensiones se corresponden bastante con las del retrato de tu dama, lleva una etiqueta de venta que indica que los cuadros seguían juntos en el siglo XX *y que habían llegado de la venta de Londesborough como pareja. Aquí tienes el enlace a esa subasta de 2011.*

Se desconoce cuándo adquirió el cuadro Irma Engel Grabhorn, fallecida en 2003, que aparece también como propietaria en la información que me remitiste.

Recibe un abrazo. Cualquier cosa, ya sabes dónde encontrarme.

PD. Es difícil, pero si tienes tiempo y quieres entretenerte, deberías seguir la pista del marchante londinense.

***

Decidí viajar a Londres. Una investigación como Dios manda o que se precie de ello no puede nutrirse solo de mails y llamadas de teléfono. Imaginen estas páginas convertidas en película, se necesita un poco de movimiento, de acción. Algo de aventura. Me faltaba eso y me faltaba una trama amorosa más consistente, incluso un asesinato, dos ingredientes básicos o de éxito asegurado en cualquier novela. Pero esto es Velázquez, no Caravaggio, aquí palacio, arte y miradas. Aunque un viaje sí hacía falta. En realidad, y bromas al margen, era la excusa perfecta para poder volver a ver, esta vez con otros ojos, claro, los nueve Velázquez de la National Gallery.

Un viaje fugaz, salir el viernes y regresar el domingo por la mañana.

Londres, como siempre, estaba algo gris, algo espesa, con una luz de atardecer intentando quebrar la resistencia de unas nubes gruesas y poderosas, algún destello en el Támesis parecía querer romper la inercia de una ciudad en la que siempre está a punto de anochecer.

Me cité con mi amigo y su colega documentalista a última hora de la tarde. Tenía unas tres horas por delante, bastante tiempo, para poder vagar por la galería. Atravesando Trafalgar Square, la nostalgia me golpeó tan fuerte que me senté para tomar aire y recuperar recuerdos de décadas pasadas, cuando viví en Londres unos meses y trabajé en una discoteca situada en la esquina de la plaza; era *glass collector*, recolector de vasos, el más bajo eslabón de la cadena discotequera. Un día al salir a altísimas horas de la madrugada y después de desayunar en un bar cercano, visité la National Gallery. Llevaba dos meses en Londres, me encontraba con ella cada día, pero nunca me animaba a entrar. Esa primera vez fue algo decepcionante, no se debe visitar un museo, ni nada, muerto de sueño. Pero tengo muy presente todavía el instante en el que me crucé con la *Venus del espejo*.

Quizá ese fue el momento preciso del inicio de mi relación con Velázquez, la *Venus* antes incluso que *Las meninas*. Yo no vivía entonces en Madrid, no había ido al Museo del Prado todavía; antes todo era diferente, siempre lo es; moverse era más difícil; viajar, una aventura. *Las meninas* estaban en los libros de texto y en las explicaciones remotas de aquella profesora de mis recuerdos.

De Londres salí harto, por aquella experiencia laboral pagada con un porcentaje ínfimo de las propinas de los camareros estrella. A pesar de todo, repetiría ahora mismo aquel tiempo, imagino que nos pasa a todos, ya lo he dicho muchas veces, la memoria es selectiva y va difuminando las malas experiencias, no las terribles, que son imborrables, pero las malas sin graves consecuencias van dejando hueco para no desbordar el vaso. Pues allí estaba otra vez, recorriendo los mismos pasos de entonces, quién me lo iba a decir.

***

Lo interesante de las obras de Velázquez conservadas en la National Gallery es que algunas pertenecen a la primera época, la más frágil de su biografía, como el *Cristo en la casa de Marta y María*, de 1618, fecha donde Prosper sitúa a su dama. Ese Cristo no me dijo gran cosa, pero en cambio creí ver rasgos de nuestra dama en *La Inmaculada Concepción*, de 1618, eso da una idea de hasta qué punto estaba influido por las teorías de Prosper. Me quedé observándola varios minutos, saqué el móvil y revisé las fotos realizadas meses atrás en el despacho de extranjería, y un aire tenían, un cierto parecido, algo en el gesto, en lo sonrojado de las mejillas.

—Tengo que pasar página. No se parece, quítatelo de la cabeza. Repite conmigo: «No es un Velázquez», «No es Juana». «No es un Velázquez», «No es Juana».

No me daba cuenta de que estaba verbalizándolo, no diciéndolo interiormente, y la gente empezó a mirarme incrédula.

Decidí no ir a ver más Velázquez y me perdí en la exposición temporal, dedicada al postimpresionismo, llena de Klimt, Munch, Matisse, Mondrian o Kandinsky. Entre ellos estaba a salvo del sevillano.

Gané la calle, olía a lluvia, no a *petricor*, a lluvia, y llegué al Larry, un coqueto bar a espaldas de la Portrait Gallery, a esperar. Recibí un audio de Santi. La noche anterior había decidido compartir el contenido de mis averiguaciones con Prosper, era de justicia hacerle partícipe de algunos de los pasos dados. Las decepciones me las solía guardar, pero este avance que transitaba entre la derrota final y una victoria parcial debía comunicárselo.

> *Buenos días, Carlos,*
>
> *Ya me ha contado Prosper las averiguaciones sobre la trazabilidad de Juana. Es un buen rastro sin duda, pero solo quería hacerte un par de anotaciones o comentarios. Los catálogos del siglo* XIX *están llenos de imprecisiones, tenlo en cuenta, se hacían muchas veces a ojo. Es obvio que la figura de Felipe IV es reconocible, y así lo plasma-*

ron, pero quizá dedujeran por descarte que nuestra Juana era Isabella sin hacer muchas comprobaciones. Prosper rechaza por completo que se trate de Isabella, no se parece a la imagen conservada de ella. Yo he trabajado en muchos catálogos antiguos, sin ir más lejos uno de los más famosos, el de sir Frederick Cook, donde estaba el Salvator Mundi *de Leonardo; pues bien: ese catálogo está lleno de imprecisiones a consecuencia de la precariedad de la época. En resumen, no nos los debemos tomar como el Santo Grial.*

Le respondí con otro audio rápido reafirmando mi intención de dar voz a todas las teorías (contestó con un emoji de un pulgar) y aproveché para pedirle más datos biográficos de Prosper (otro emoji de un pulgar); su vida seguía llena de sombras para mí y necesitaba algo más. Imagino algo de su desilusión por el hallazgo del nombre de Isabella en un catálogo. Para Prosper la cuestión no es que su obra fuese un Velázquez; tenía que ser Juana Pacheco. Esta noche le llamaría. Comenzó a llover de nuevo sobre Londres.

Mi amigo es un tipo grande, con una constitución imponente que se diluye en el rostro, donde su aspecto bonachón termina por conquistar cualquier impresión. Tiene cara de personaje de un cuadro renacentista, de Tintoretto, por ejemplo. Es afable; cuando vivía en España, esa afabilidad se acrecentaba por la mezcla de acentos y lenguas que se iban alternando en la conversación. Pronto comprobé la pérdida de esa alternancia y que ya le costaba más buscar la palabra precisa en mi idioma. Su colega era justo lo contrario, pequeño, enjuto, de aspecto juvenil, con unos anteojos antiguos que le conferían un aire de recién llegado de un Londres pasado, pero igualmente afable y colaborador. Formaban un buen equipo y podrían ser la pareja perfecta para una serie de investigadores de arte.

—Me he llevado una grata sorpresa con tu visita —admitió mi amigo—. Debo reconocer que, en un principio, me desconcertó un poco tu correo. Pero me encantan esos retos de buscar el origen de las obras de arte. No ha sido complicado localizar a tu dama, la pista de Londesborough allanaba el camino, y siendo quien era y una subasta tan grande de sus pertenencias, el catálogo debía aparecer. Costó un poco más rastrear a su pareja, al Felipe IV, pero otra vez el ilustre apellido abrió puertas.

—Lo más difícil de la labor de rastreo fue averiguar el papel del tal Horan, que suponemos era un marchante de arte de Londres, Horan McNeil —intervino su colega William—. Hay que decir que, a veces, las carambolas del destino ayudan un poco a los investigadores y que se haya conservado esa nota con el nombre ha sido una suerte.

***

Horan McNeil salió de la sala de subastas convencido de haber logrado tener el golpe de suerte tanto tiempo perseguido. En el Londres de finales del siglo XIX proliferaban las ventas de obras de arte, cambiaban de manos con frecuencia y por el camino quedaban cientos de libras de beneficio para el intermediario. En esta ocasión, no se trataba de unos cientos de libras, podrían ser miles, el retiro dorado y anhelado, el descanso tras décadas de decepciones y trapicheos pero también de algún momento brillante. El viejo Horan no conocía otro mundo que no fuese el del mercadeo de pinturas, joyas, antigüedades. Cada vez le costaba más encontrar compradores, las grandes galerías se imponían y pocos se fiaban de un tipo armado únicamente con su instinto. Atrás quedaban los años en los que trataba de tú a tú a adinerados amantes del arte capaces de vender a su madre por una obra llegada de Italia o de España. Londres está aburrida de sí misma, y los grandes viajeros regresan a casa bajo el influjo de artistas hasta entonces poco reconocidos.

Horan nunca estuvo entre los principales marchantes de la ciudad, pero vivió algún momento de esplendor, por ejemplo cuando logró hacerse con una vieja herencia en la que había una tabla renacentista, la *Pequeña Madonna de Cowper*, de Rafael Sanzio. La fama conseguida con aquella transacción le dio para vivir sin problemas varios años. Cualquier cosa que caía en sus manos encontraba pronto salida: cabeza de la escuela de Leonardo, vírgenes de Guido, retratos de Bellini. Nadie ponía en duda su procedencia ni la autoría. Él se cuidaba mucho de cometer un fallo; antes de sacar una pieza de nuevo a la venta, consultaba a colegas de museos y dueños de tiendas.

Hacía unos meses le había escrito un contacto desde el East Riding, en el condado de York, para contarle la más que posible venta de la colección del barón Londesborough en una subasta en Christie's no más tarde del verano. El primer barón había muerto años antes y ahora su heredero buscaba liquidez. El catálogo era una miscelánea entre la que se incluía alguna obra de arte significativa.

Mister Schooles, al servicio del barón durante décadas, le habló a Horan de dos o tres cuadros y sobre todo de un nombre, Diego Velázquez. En la subasta aparecía una pareja de retratos de Felipe IV y su primera mujer, Isabella.

Para Horan la pintura española era un territorio desconocido, sabía que estaba de moda en la Inglaterra más refinada y poco más. Pero él era un hombre de mercado, si algo estaba de moda o era apreciado, su misión era conseguirlo, ponerlo en valor e intentar engatusar a algún adinerado y caprichoso coleccionista. Es la ley de la oferta y la demanda, si lo que se lleva es la pintura barroca española, pues a por ella, su gusto quedaba al margen.

El 6 de julio de 1888 Horan quedó con su grupo habitual de pujantes, hombres de paja que introducía en muchas subastas con el fin de amarrar de alguna manera el precio final. No era sencillo, pero tenía muy engrasada la maquinaria.

—William, Pierce, Harry y Paul. Llegaréis a la sala temprano, controlareis al resto de los asistentes, sobre todo a los emisarios o intermediarios de lord Midleton, lord Martinsborl o lord Loperlatour. Yo creo que tratándose de esta subasta querrán acudir ellos personalmente, nada más placentero para un lord que ver cómo cae otro, o cómo todo su legado se despedaza. Una vez llena la sala, cada uno de vosotros intentará acercarse a ellos o a los potenciales compradores y comenzará a destacar piezas del catálogo y a despreciar otras diciendo cosas del tipo: «Lástima las obras del pintor español; son copias, o eso he oído». O podéis susurrarle: «En España ese Velázquez no está muy considerado». Todo esfuerzo es poco para frustrar su posible compra.

El 7 de julio de 1888, a la hora del té, Horan dejó Christie's con una sonrisa de oreja a oreja y dos tablas bajo el brazo. Avanzó por King's Street, se detuvo en la esquina con St. James; al ver ese cartel de King's Street no pudo evitar una carcajada, él también cargaba con un rey. Se sentó en un banco en Green Park y empezó a anotar en una pequeña libreta quién podría estar interesado en las obras. Lo primero sería empezar una ronda por galerías, ellos tenían una buena cartera de clientes; luego, ofrecer la mercancía en algunas casas de la nobleza. Ricos, caprichosos que miden con sus iguales quién tiene la mejor colección.

Pasaban los días y se le iban cerrando puertas y posibilidades de negocio. Muchos habían oído el rumor de que se trataba de copias de algún pintor aficionado. La mentira promovida por él en Christie's se había desbordado y llegado a casi todos los rincones de Londres.

Con Londres perdido, y por consejo de su buen amigo Thomas Verner, consiguió una cita en Rokeby Park, aunque fue advertido de que hacía muchos años, desde la muerte de John Bacon Sawrey Morritt, nada era igual. Tal vez le dejaran ver de cerca la obra de la que todo el mundo habló durante años en Londres, la *Venus del espejo*, comprada por quinientas libras por el difunto Morritt y conservada después de su fallecimiento como uno de sus tesoros.

—Caballero, desde la muerte del señor, no se compra ya nada —le dijo el apoderado de la familia Morritt—. Sus herederos decidieron dejar el coleccionismo, el arte y centrarse en otros asuntos. Aun así, si desea enseñarme los cuadros que quiere presentar, los veré con gusto.

—Por supuesto.

Horan desembaló con mimo los dos cuadros, envueltos en telas varias para no sufrir durante el viaje. Cuando por fin, tras la última vuelta, se descubrieron los dos rostros, el apoderado suspiró.

—Sabe, si el señor estuviese vivo, los compraría con toda seguridad; no le habría dado mucho dinero, pero se los habría quedado. Era un enamorado de España, y tener un Felipe IV y su mujer le hubiese agradado mucho. Lo de si es un cuadro de Velázquez o no, veo que la placa pone su nombre, es más discutible, casi me inclino a pensar en una copia de algún discípulo, pero, bueno, en cualquier caso, es muy buena. Me gusta mucho la mirada de ella, de Isabel, es una mirada velazqueña, sin duda. Siento no poder ayudarle más. Le invito a visitar la mansión y ver una obra de Velázquez de cerca, la *Venus de Rokeby*.

Horan siguió al hombre y, al llegar ante el cuadro, se quedó mudo frente a aquella belleza, permaneció inmóvil escudriñándola con la mirada.

—Eso que mira, con un tono negruzco, es la huella dejada por las llamas, la cercanía del calor. Es un milagro que este cuadro sobreviviera a un incendio declarado en el Alcázar de Madrid el siglo pasado. Creo que la sacaron por una ventana. Aquello fue una tragedia, ardió media historia de España. Según cuentan las crónicas, un grupo de mozos encargados de custodiar el lugar tomaron más aguardiente del debido mientras festejaban la Navidad y no fueron capaces de ver el fuego. La historia les recordará, aunque los chismorreos aseguran que fue el propio rey, sin ningún cariño por el edificio, el promotor de la tragedia. Por suerte, lograron sacar esta Venus.

—Era valiente ese Velázquez, ¿verdad? Un cuadro así en un país con esa mentalidad, con la Inquisición y hacer este desnudo. Oiga, imagínese que este retrato de Felipe IV y su pareja se hubieran salvado del incendio; al fin y al cabo, es lógico pensar que estuviesen en ese Alcázar, o quizá alguien con acceso a ese real sitio realizó unas copias. El arte está lleno de historias parecidas.

Horan contempló un rato más aquella maravilla de Velázquez, y al poco rato decidió despedirse. No parecía que fuese a sacar mucho beneficio de aquella visita, aparte de una buena conversación.

—Le estoy muy agradecido por haberme dedicado su tiempo —le dijo al apoderado—. Vuelvo a Londres, que todavía me queda un largo viaje por delante.

Horan durmió gran parte del trayecto de vuelta, abrazado a los cuadros perfectamente envueltos de nuevo. Al llegar a casa, contó sus desventuras a su esposa y dejó a la pareja real en el trastero, acumulando polvo y olvido.

***

En 1906 la National Gallery adquirió la *Venus del espejo* por cuarenta y cinco mil libras de la época, una fortuna.

En 2011 un anónimo compró el retrato de Felipe IV que Horan paseó, sin suerte, por Inglaterra. Pagó seiscientos cincuenta dólares. Una miseria. Tanta diferencia hay entre ese Felipe IV y esta dama...

Viéndolos al natural es evidente, pero entonces, ¿por qué iban en pareja? ¿Acaso no los pintó el mismo artista?

Siete años antes, en 2004, un amigo de Prosper pagó treinta mil euros por el retrato de una dama al estilo de Velázquez, donde Prosper cree firmemente ver a la primera mujer del pintor.

22

Impaciencia

Viajar al fracaso o regresar del mismo tiene su encanto, o siempre me lo ha parecido. Empatizas más con quien se queda a las puertas de algo, tiendes a aliarte con él y con su infortunio, probablemente porque sabemos que en el fracaso hemos habitado o habitaremos todos alguna vez. Así me veía en la terminal de Heathrow, al lado de la tienda Harry Potter, donde me disponía a entrar para comprar un regalo a los niños. Harry Potter y J. K. Rowling, la otra cara de la moneda, pensé, el éxito sin fisuras.

Con el sombrero seleccionador empaquetado y las expectativas atenuadas, embarqué en un viaje de regreso convertido en una derrota más en mi hoja de servicios.

Ya en Madrid, al quitar el modo avión en el móvil, recibí varios mensajes; uno era de Santi.

> Audio de WhatsApp de Santi. Duración: 3 minutos 20 segundos.

Vaya por delante que si ese audio no fuera de Santi, probablemente no lo habría escuchado jamás. Hay una tendencia irritante de enviar *podcast* por mensaje como si el receptor pudiese parar su vida —llámese reunión, película, siesta o lo que sea— y parar también a todo el que le rodea para escuchar el verborreico wasap de alguien. Pero esto era diferente. Cada audio de Santi era un capítulo nuevo por escribir.

> Hola, buenos días, Carlos, ¿cómo vamos? Espero que bien. Mira, te hago este audio (largo) para comentarte una cosa que hablé ayer con Prosper; le vi por la tarde; ahora te enviaré un correo más detallado con una información sobre un dibujo preparatorio que realizó Francisco Pacheco y que fue el que utilizó como modelo antes de hacer la pintura de *El juicio final* que está en el Museo de Castres, ¿recuerdas, verdad? Hemos hablado de ella varias veces. Como bien sabes por todo lo que ya te informé, en esa obra aparece reproducido también el que sería un autorretrato del propio Pacheco y seguramente su hija al lado, nuestra Juana, y de espaldas, es decir, de culo, el propio Velázquez. El caso es que el dibujo apareció en 2009 en una subasta en la casa Dorotheum en un lote con una descripción errónea. Esta obra de *El juicio final* aparecía atribuida a Christoph Schwartz cuando, en realidad, es de Francisco Pacheco. El dibujo hoy en día, afortunadamente, está conservado en el Museo del Prado con la atribución a Pacheco y todos los honores.

> Te lo digo más que nada para que veas la cantidad de gazapos que se cometen en algún momento en casas de subastas de renombre, y esta casa, Dorotheum, que tiene un acreditado prestigio, pues metió la pata y el dibujo salió por un precio de mil quinientos euros; no sabían lo que tenían, uno de los dibujos más importante sin lugar a dudas del siglo XVII español. Una mala atribución y un mal estudio provocan esas cosas. Te lo comento porque creo que también es interesante decirlo, teniendo en cuenta que últimamente están saliendo a la luz pública noticias sobre obras mal atribuidas. Ya sabemos el caso del Caravaggio. Solo para que lo tengas presente y veas la cantidad de cosas que pueden pasar por malas atribuciones, y que los comités de sabios a veces se equivocan y una cosa casi sin valor puede terminar siendo un dibujo fundamental en la historia del arte. Yo creo que todo esto puede serte útil.

Nada nuevo, todos los nombres me resultaban conocidos, eran familiares: los expertos, los artistas, las casas de subastas. Seguíamos dando vueltas para regresar casi siempre al punto de origen. Ese cuadro de Pacheco del Museo de Castres fue una de las primeras pruebas aportadas por Prosper para demostrar el parecido entre la retratada de su cuadro y uno de los personajes de la obra de Pacheco. Y ahora el dibujo...

Más allá del contenido, me sorprende verme de alguna manera dirigido o editado por dos personas a las que apenas conozco. Ese «yo creo que todo esto puede serte útil» me deja algo atónito. ¿Me estaría convirtiendo en una marioneta suya, una especie de escribiente o transcriptor de sus ideas? Sus mensajes o las conversaciones telefónicas solían espaciarse en el tiempo lo suficiente como para no llamar la atención, no dar la sensación de insistencia o pesadez; brotaban como una novedad cuando más se necesitaba.

A estas alturas, previo a ese audio, ya había escrito de Caravaggio, una de las atribuciones más mediáticas de los últimos tiempos, era imposible obviarla, pero la capacidad de Santi y compañía para mantener vivo el interés, para lanzar un anzuelo y seguir pescando, era asombrosa. Una historia muere si la dejas morir, pero si la abonas convenientemente, seguirá creciendo; ellos lo saben. Llevo demasiado tiempo con las luces apagadas a sus ojos, sin dar señales, sin intercambiar pareceres, sin acercarme a Barcelona, sin comentar algún descubrimiento, algún hallazgo, o mejor, alguna decepción.

En realidad, el asunto es algo injusto para ellos, me proporcionaron la materia prima para la investigación, me abrieron las puertas de su casa, bueno, del despacho de extranjería, me dieron y aportaron estudios y documentos, me firmaron permisos para poder reproducirlos, y yo no les había mostrado ni una sola línea de mis avances, mucho menos de mis conclusiones. Y no solo eso, no había compartido más que un par de ideas para tranquilizarles. En ocasiones, parecía un juego donde los dos contrincantes se engañan de forma amistosa para poder seguir jugando. Ellos me utilizaban para intentar que su cuadro tuviese un reconocimiento público, a su vez yo me dejaba llevar, consciente de que los necesitaba para llegar al final del asunto, fuera cual fuese ese final.

Lo que sí advertía era algo de impaciencia, el tiempo pasaba y ellos no percibían avance alguno. Prosper me llamaba semanalmente.

Poco después de ese audio, Santi me mandó un nuevo mensaje, esta vez escueto, un simple enlace a una noticia de la televisión catalana sobre un dibujo de Murillo y su robo. Una de esas historias que Prosper ya me había contado en alguna llamada. La voz en *off* de la crónica decía lo siguiente:

> El dibujo tiene casi cuatrocientos años. Está hecho en piedra negra —en el lápiz carbón— y es de temática religiosa: aparece un fraile en postura de genuflexión. Solo los dedos de un pie tocan el suelo. El propietario, entendido en arte —un crítico—, explica que Murillo logró que pareciera que estaba elevándose, como hizo con otras figuras de sus cuadros. El propietario quiere mantenerse en el anonimato. Por eso, a partir de ahora, en este reportaje será identificado como «el propietario», como en los contratos inmobiliarios.

Ese propietario era «mi propietario»; ¿qué significa esa noticia? La necesidad de que te hagan caso, la necesidad de demostrarle a la gente cosas, intentar demostrarme que hay más puertas adonde llamar. De alguna forma, también era una metáfora de lícita búsqueda del reconocimiento público cuando se te ha negado el académico.

Casi todos, a lo largo de nuestras vidas, buscamos a alguien enfrente que asienta con la cabeza; algunas veces basta con encontrar un cómplice de nuestras teorías para quedarnos tranquilos y saber que valió la pena. En eso andaba Prosper, en mi caso con la chica del cuadro; en el de ese reportaje, con el dibujo de Murillo, etcétera, etcétera. Una necesidad de trascender, no le bastaba con su amor a la obra; quería que ese amor lo sintiera todo el mundo.

Mi miedo en este punto era encontrarme un día con un reportaje parecido o más exhaustivo sobre nuestra muchacha, algo del todo entendible porque el tiempo pasaba sin grandes aportaciones mías. De hecho, ya no buscaba un final feliz, ya no buscaba una atribución velazqueña, buscaba simplemente un final. Intentaría hablar con Prosper para, al menos, calmar su ansiedad y poder ganar tiempo.

***

Mientras tanto, mis encuentros fortuitos con Diego seguían su curso. No había semana en la que no se produjera uno, el último después de echar un vistazo al libro de firmas del Museo del Prado para elaborar un reportaje sobre la figura del copista. Es conocida la práctica de muchos grandes de la pintura, además de aficionados, claro, de acudir a los museos para versionar a los maestros de la historia del arte, con el fin de intentar imbuirse de su espíritu y genialidad. Es bonito pasear por museos y ver a muchos artistas, o aspirantes a serlo, perfeccionar su técnica. Pedí, sin mucha esperanza, un pequeño informe sobre los artistas más «copiados» en el Museo del Prado. Velázquez gana por mucho; año tras año, es el pintor del que todo el mundo quiere aprender, a partir de *La fragua* a *Las hilanderas*, y pasando por *Los borrachos*.

Aquel día, repasando el libro donde se consignaba la entrada, me encontré con el nombre de alguien que cambió la suerte de Velázquez, doscientos años después de su muerte.

El 1 de septiembre de 1865 visitó el Museo del Prado, llamado así desde ese año por el Prado en los Jerónimos sobre el que se construyó, el cabecilla de un grupo de pintores incomprendidos por aquella época, rechazados en los salones de París. Esa clase de rechazo que suele preceder a la gloria. El tipo estampa su firma en el libro de visitas y se pierde por las salas. El museo lleva abierto poco más de cuarenta años, recibe una decena de curiosos al día, no muchos más. Hay artistas a los que la gente apenas conoce, no se habían expuesto casi nunca, sus obras colgaban de las paredes de palacio, ajenas a miradas plebeyas. Es curioso, en tiempos de Velázquez, muy pocos ojos habían visto un Velázquez.

> *Por fin, amigo mío, he podido admirar los cuadros de Velázquez, y le puedo asegurar que es el pintor más grande que jamás haya existido. Solo por él ya merece la pena sufrir el cansancio y las contrariedades inherentes a un viaje a España.*

Carta de Édouard Manet a Charles Baudelaire.
14 de septiembre de 1865.

En un museo tan diferente al actual, pero con el mismo espíritu y algunas obras maestras ya colgadas en sus paredes, Manet pasea por las salas desiertas y detiene su mirada en dos cuadros que provocan en él un escalofrío.

Si el museo hubiese estado lleno de gente, quizá habrían podido escuchar la voz escondida, entre dientes, del artista, asombrado ante lo que veía. ¿Cómo diablos alguien había hecho ya, dos siglos atrás, todo lo que ellos pretendían? Sin haberse percatado de su presencia, recibió la réplica del director del muse, que solía hacer rondas, a modo de inspección, para comprobar si algún visitante había entrado en «sus posesiones». Federico de Madrazo le dio la clave: era un paisaje sin más, sin pretensiones, sin pretextos, una simple y compleja reproducción de lo que el ojo ve. Un ejercicio, le contó, realizado casi con seguridad durante su primer viaje a Italia para soltar la mano y demostrar la técnica a la hora de pintar la naturaleza y elementos arquitectónicos. Entrenarse en la captación de la luz del atardecer y el amanecer.

Manet miraba fijamente la boca de Madrazo para intentar descifrar lo que le contaba; no sabía mucho castellano, así que reinterpretaba a su gusto la conversación partiendo de conceptos casi universales como luz, Italia, naturaleza o técnica. Sin entenderse se comprendieron.

El primer viaje a Italia, el segundo viaje a Italia, la vuelta a Madrid, el olvido y la gloria. Ese podría ser el resumen de la biografía de Velázquez desde que deja Sevilla y llega con una ambición desmedida a la corte.

Esas dos obras de Villa Medici del primer viaje a Italia son tan sorprendentes como hipnóticas, una obra del siglo XIX pintada a principios del XVII, el impresionismo antes del impresionismo.

Pero, con todo, no es la obra ante la que el joven Manet cae totalmente rendido. Escribe al también pintor Fantin-Latour:

> *Quizá el trozo de pintura más asombroso que se haya realizado jamás es el cuadro que se titula retrato de un actor célebre en tiempo de Felipe IV (Pablillos de Valladolid). El fondo desaparece. Es aire lo que rodea al hombrecillo, completamente vestido de negro y lleno de vida.*

Pintar el aire supone una de las máximas aspiraciones de un artista, ser capaz de llevar al lienzo algo invisible es un reto mayúsculo.

«Si logras pintar el aire, la obra tendrá atmósfera, y, si la obra tiene atmósfera, lo tiene todo», fue uno de los consejos más útiles recibidos en su vida por un entonces todavía joven Velázquez de la mano de Rubens, de visita en Madrid, y que le animaría a emprender ese primer viaje a Italia para buscar su impronta, su camino.

En el reportaje especial sobre Salvador Dalí realizado para RTVE, y que tantas alegrías me trajo, rescaté una declaración tan excéntrica como real y que probablemente se parece a lo que pasaba por la cabeza de Manet aquel día de verano de 1865.

Preguntaron a Cocteau qué cuadro se llevaría si se incendiaba el Prado y, citando una frase clásica, contestó:

«Me llevaría el fuego». Dalí, que andaba por allí, añadió: «Yo me llevaría el aire, y específicamente el aire contenido en *Las meninas* de Velázquez, que es el aire de mejor calidad que existe».

En pleno siglo XXI, José Manuel Ballester eliminó toda presencia humana de *Las meninas*, dejando solo la estancia vacía llena de aire, ese aire invisible imposible de pintar, salvo si eres un genio. Me impresionó ver la obra sin la infanta, el aposentador, el perro o el propio Velázquez, pero, cuando te quedas un rato observándola, te das cuenta de que la atmósfera no depende de las personas, es una sensación o sentimiento que impregna el lugar de un halo diferente. O quizá en ese lienzo vacío de Ballester la atmósfera existe porque antes estuvieron los personajes. Podemos jugar a adivinar si han llegado o se han ido. Yo apuesto por lo segundo.

Al llegar a Francia, Manet contó a todo el mundo que la modernidad tenía doscientos años de antigüedad y la necesidad de perseverar en el camino emprendido; tarde o temprano, la razón se abre paso y encuentra su lugar en la historia del arte. Y apodó o puso a Velázquez el sobrenombre con el que muchos le conocen todavía: «Es el pintor de pintores». No hay mayor elogio.

—Velázquez ha marcado el rumbo. Nos podrán rechazar una y cien veces, pero al final claudicarán.

Apenas un año después, Manet realiza su *Pífano*, una obra plenamente velazqueña, dotada de «atmósfera». El Salón de París de 1866 la rechazó. Los cambios, en ocasiones, se hacen esperar más de lo necesario.

Jueves, 19:16, llamada perdida de Prosper.

Sábado, 22:22, llamada perdida de Prosper.

Domingo, 18:02, llamada perdida de Prosper.

Le llamaré pronto, pero antes debo hacer algo que llevo posponiendo desde el principio.

23

Segundo viaje a Italia

Prosper estaba impaciente, Santi estaba impaciente, y un rey, siglos atrás, empezaba a estarlo.

Felipe IV se enojaba al mencionar a Velázquez, no entendía su demora. Pidió a su secretario de Estado, Fernando Ruiz de Contreras, que hiciera llegar de forma urgente una nueva carta al embajador en Roma solicitando el retorno del artista y que volviese por mar y no por tierra, para no tener posibilidad de entretenimiento. No entendía el monarca tanto tiempo para adquirir esculturas, vaciados y pinturas para el Alcázar. El pintor ponía excusas y hacía oídos sordos a esas órdenes, alegaba estar en Venecia intentando hacerse con algún Tintoretto o Veronés, o pedía más tiempo para convencer a Pietro da Cortona de ir a realizar los frescos de ese Alcázar.

A la corte llegaban los rumores de la creciente admiración por Velázquez en Roma. Un retrato suyo a Juan de Pareja, su esclavo, y exhibido en el pórtico del Panteón el día de San José, hechizó a todos por su enorme realismo. La llamada Congregación de los Virtuosos confesó no haber visto nada igual en tiempo. Ninguna de las excusas apaciguó el enfado del rey; exigía tenerle de vuelta.

Casi catorce misivas reales después, Diego Velázquez confesó a su amante que debía volver. No esperaba la respuesta de ella, no esperaba oír que saliese de su boca que estaba embarazada.

***

Durante mis charlas con Prosper, saqué a relucir en bastantes ocasiones este punto de la biografía velazqueña: la infidelidad echaba por tierra su romántico relato. Él siempre despachaba el asunto con ligereza y bastante fríamente.

—Carlos, un pintor de éxito, de cincuenta años, agasajado en Roma, separado de su esposa tanto tiempo, ¿qué va a hacer? —lo justificaba él—. Tiene sus escarceos, claro, pero eso no significa nada.

—Bueno, Prosper, algo significa —rebatía yo—. Tú me estás vendiendo un amor inquebrantable, y a las primeras de cambio le pone los cuernos. Algo no concuerda.

—Una cosa no quita la otra, antes la distancia era mayor. No habría posibilidad de comunicación, de regreso inmediato, de escapadas —proseguía disculpándole—. Era un hombre, en la cumbre de su carrera, descubriendo una cultura nueva, una manera de pensar tan diferente. No seas inocente, llevaba con la misma mujer desde los diez años. La novedad es la mayor de las tentaciones, y Velázquez era humano.

A estas alturas, pasados muchos meses desde el mail remitido por Santi invitándome a escribir sobre la muchacha del cuadro, me seguía enterneciendo pensar en Prosper y su pasión por la obra. Era capaz de contraargumentar cualquier comentario si este hacía que se tambaleara su teoría, frágil en el fondo, pero poderosa en la forma. En su mente había ya rodada una película con un final inamovible. No sé si le gustaría ver colocadas, una detrás de otra, mis dudas y las certezas de gran parte de los expertos consultados.

—Carlos, no se trata de elaborar una teoría muy técnica, se trata de crear un misterio.

Esas palabras resonaban estos meses con cierta frecuencia. Pero ¿cómo se crea un misterio? ¿Haciendo caso omiso a los expertos? Siempre le quedará el consuelo de pensar que tiene un buen cuadro, una obra del siglo XVII, con encanto, y para algunos muy cercana a Velázquez. Lo que no podrá cambiar quizá, y eso me duele, es la forma de mirarle de cierta parte del mundo académico. Solo un triunfo absoluto, una autoría velazqueña, posibilitaría este cambio.

***

Como escribía antes, en el siglo XVII viajar era un lujo al alcance de pocos; tener la posibilidad de vivir fuera de lo establecido y de la rutina del día a día significaba un placer desconocido para la mayoría. Era la segunda vez que Velázquez iba a Roma. La primera había estado enfocada a completar su formación, a ampliar conocimientos. La segunda fue de compras y convertido en una estrella de la pintura. Hay viajes que cambian a una persona; ese, sin duda, le cambió. En Italia retrata a Olimpia, desnuda, de espaldas, con el rostro difuso reflejado en el espejo. Ella, probablemente, era la principal causa para alargar ese segundo viaje italiano. Conocerla, amarla, no entraba en absoluto en los planes de un hombre poco dado a cualquier aventura o sobresalto vital, alguien más bien «gris», con un camino perfectamente trazado desde su nacimiento. Sabía de la insistencia del rey pidiendo su regreso, pero no podía imaginarse ahora diariamente en la corte. Sufría por Juana, consciente de que no merecía aquello. Se sentía libre como nunca antes. Su mirada se había transformado, su pincelada era otra. Pintaba sin ataduras, se veía capaz de reflejar sin miramientos lo que le dictaba el corazón, ya fuese el retratado un papa o un esclavo. Buscaba hurgar en el alma ajena, y eso se lo debía a Italia.

Viajar debería ser obligatorio en la formación de cualquier individuo, solo conociendo lo lejano podemos llegar a entender lo que tenemos más cerca. Diego tiene cincuenta años cuando Italia le deslumbra. El ambiente mucho más liberal y artístico le cambia el estilo y las ganas de pintar. Su habitual tono melancólico se vuelve vital y recupera una actitud parecida a la de los años de formación en el taller de Pacheco; el maestro muerto un lustro antes le enseñó el camino perfecto, pero carente de sorpresas. Velázquez descubre una nueva forma de vivir muy alejada de la línea recta de la cotidianeidad en palacio. En Roma todo es más desordenado, más caótico. El arte se aprecia no tanto por el prestigio oficial como por el prestigio dentro de los círculos pictóricos. El retrato de Juan de Pareja, hecho para soltar la mano y enfrentarse al papa, se convierte en la comidilla de la ciudad.

Todo en Velázquez son misterios dados a elucubraciones, la imaginación intenta completar los puntos suspensivos de una biografía marcada por el silencio. Parece claro que, durante los años italianos, Juana desaparece de su pensamiento, o al menos queda arrinconada en algún lugar indeterminado.

¿Es Olimpia su amante? ¿Es Olimpia Triunfi la modelo de *La Venus del espejo*? ¿Y el ángel del cuadro un reflejo del hijo que tuvo con ella en Italia, mantenido por él en la distancia y fallecido de forma precoz a los ocho años, causando en el pintor un enorme dolor?

***

En los años ochenta, la investigadora británica Jennifer Montagu localizó un documento notarial acreditando la existencia en 1652 de un hijo romano del pintor, llamado Antonio de Silva, reconocido públicamente por él. A Antonio lo mantuvo en la distancia, y, según se cuenta —esto ya es terreno resbaladizo—, el pintor se moría por volver a Italia, pero Felipe IV no le dejó. También, dentro de la rumorología y como parte más morbosa de ese episodio, el crío quedó en manos de una nodriza con la que ni el pintor ni su amigo en Roma, el clérigo Juan de Córdoba, retratado hasta en dos ocasiones por el artista, estaban contentos debido a la frágil salud de la criatura. Hay quien dice que esa nodriza, a la que se le arrebató el niño tras pagar una suma de dinero, era en realidad la madre; para otros, la verdadera madre desapareció.

El niño murió a los ocho años, Velázquez lloró esa pérdida. En la corte pintaría algunos de los cuadros más célebres de su carrera, pero su estado de ánimo, ya de por sí taciturno, decayó.

Si esto fuese una novela romántica donde el amor tuviese todo el peso argumental, ese momento, ese instante en el que Olimpia le mira y le anuncia su embarazo sería el punto álgido. Pero tampoco sé si esta es una novela de amor, ni siquiera si es una novela o es una aproximación a la figura de un personaje empeñado, parece, en no dejar rastro más allá de su arte. O es un ensayo o es un reflejo de la obsesión de alguien por un cuadro o un simple y frustrado ejercicio detectivesco.

***

¿Por qué siguen sin responderme de Sotheby's? ¿Tan difícil es decir: «Mira, no tenemos información complementaria»? ¿Y al barón le habrá llegado mi mail, lo habrá leído? Lo imagino frunciendo el ceño, adentrándose en mi explicación y preguntándose por el cuadro del que quizá hasta desconocía la existencia.

Durante todos estos meses ha habido varios casos de obras de arte «resucitadas» que han tenido el final con el que sueña Prosper —y yo también, no voy a mentir—.

Obras atribuidas a otros artistas, o consideradas copias hasta que un ojo ve algo diferente. Vale, en el asunto del Caravaggio confluían las opiniones de varias fuerzas incontestables del panorama artístico, y su presentación en el Museo del Prado fue digna del final de una película; de hecho, allí estaba rodando mi estimado Álvaro Longoria, que seguía la historia desde el principio. Conforme avanzaba el caso, no podía evitar hacerme una pregunta interior: ¿por qué no me escribió alguien hablándome de ese cuadro? Sería un final por todo lo alto. Vamos, un éxito seguro. Mi cuadro —el «mi» es una forma de hablar— es un cuadro perdedor.

Era inevitable tener esa creencia, sobre todo cuando eres tendente al derrotismo, pero era injusto, injusto con Santi, con Prosper y con la no Juana.

El caso de obra resucitada más llamativo para mí fue el del Degas, subastado en la web *Todocolección* por unos novecientos euros y valorado ahora en unos doce millones. En *Todocolección* uno puede pasar las horas muertas mirando arte de todos los tiempos. Este Degas aparecía como «Obra con firma de Degas», nunca atribuido, claro, pero de repente el comprador decidió llevarlo a un experto y todo se precipitó.

Prosper estará al tanto de todas estas noticias; nada relacionado con el mundo del arte, más si son descubrimientos, escapa a su radar. Habrá recortado del periódico la página para guardarla en su rudimentario archivo. Otra razón más para seguir creyendo o una razón más para continuar maldiciendo su mala suerte. Conviene recordar que Prosper compró su obra por unos treinta mil euros, no fueron ni mil ni dos mil, fue una cantidad considerable y un enorme esfuerzo para su maltrecha economía.

Al volver al inventario de las pertenencias de Diego y Juana, reparo de nuevo en la entrada 52 y yo también aterrizo en ese segundo viaje a Italia: «Otra medalla de oro con vn adorno labrado y vna cabeza de Ynoçencio décimo y vna cruz con dos ángeles por la otra parte». Esa medalla y esa cruz fue el pago recibido por una de sus mejores obras, al menos en mi modesta opinión, que fue realizada también en ese segundo periplo italiano, el retrato de Inocencio X. No era habitual un papa retratado por un pintor extranjero, eso nos da una idea de la relevancia de Velázquez en Roma. La reacción que tuvo la máxima autoridad de la Iglesia ya la conocen; es probablemente el mejor cumplido posible para una obra de arte.

—*Troppo vero! Troppo vero!* (Demasiado real o veraz) —exclamó.

Era el mayor de los elogios, pero viniendo de Inocencio X era un elogio envenenado. Parecerse demasiado a la realidad, ver su propia mirada desconfiada e inquietante reflejada en la tela, no entraba en sus planes. Eso sí, reconoció la calidad a pesar de ser excesiva.

Velázquez pasó un año más en Italia desde aquella carta de Felipe IV y no fue por el retrato de Inocencio X, aunque era una buena excusa, sin duda. El 23 de junio de 1651, seis meses después de la última misiva del impaciente Felipe IV, llega a Madrid. Atrás quedan un par de años muy intensos en una ciudad donde hasta cambió la mirada. Sus retratos se transforman, dejan atrás el hieratismo de la corte; era un hombre buscando apuntillar un estilo ya de por sí impecable, pero quizá demasiado perfecto.

***

Al cruzar la puerta de su hogar en Madrid, Velázquez no regresaba de un viaje, regresaba de una batalla contra sí mismo, contra su corazón y contra la razón. Las batallas hay que librarlas de una en una, enfrentarse al mismo tiempo a corazón y cabeza es un desgaste enorme que provoca debilidad. Quizá por esa ausencia de fuerza y por no emprender una nueva contienda, en cuanto Juana le preguntó por la razón de la demora en su regreso, no supo más que decir un «lo siento» confesional y claudicante.

Juana escuchó atenta. Las palabras sonaban lejanas, se entremezclaban sin orden ni sentido. No era capaz de oírlas y digerirlas con nitidez. La confusión fue trepando por su cuerpo desde los dedos de los pies hasta el último cabello. La vista se le emborronó, todo eran manchas, la cara de su marido comenzó a desdibujarse.

Olimpia, retrato, niño, pasión, razón, dolor, pena, Roma.

Juana ya articulaba su pensamiento. Palideció y sintió perder la consciencia, luchó para no desmayarse.

Atrás siempre quedan los años pasados, atrás siempre se encuentra ese lugar lleno de recuerdos convenientemente filtrados e idealizados, atrás está la primera mirada, el primer posado. Atrás es un sitio adonde acudimos cuando creemos que el presente se derrumba. Cuando lo remoto supera el instante presente, el tiempo actual, ese segundo cuando todo se rompe y de donde creemos que será imposible volver. Solo el tiempo es capaz de hacernos regresar a una normalidad tantas veces denostada y ahora anhelada. El tiempo sana los recuerdos, amortigua el dolor.

Juana cayó al suelo con la contundencia con la que cae un cuerpo lleno de incertidumbre.

***

P. D. 1. En 1657 Velázquez le pide al rey permiso para volver a Italia, para emprender un tercer viaje. Felipe IV no se lo concede, escarmentado por la tardanza en el regreso del anterior. No sabremos nunca si la razón para esa nueva visita a la Ciudad Eterna es Antonio, ese niño enfermo que moriría poco después. Es razonable, aunque en su biografía todo sea imposible.

P. D. 2. En marzo de 2001 se inauguró una exposición en el palacio Ruspoli de Roma, con el acertado y oportunista título: «Velázquez, el tercer viaje a Roma». En esa muestra, donde no se exponían las obras más conocidas, *Las meninas* y compañía, estaba, sin embargo, todo lo que articuló su vida. *El almuerzo*, pintado en la juventud, en el taller de Pacheco, cuando todo estaba por hacer, incluso el amor. Estaba el primer retrato del conde-duque de Olivares, convertido en pasaporte para conquistar la corte y que supondría un cambio de vida radical para él y para Juana. Y estaba el retrato de María de Austria, a la que yo ya considero prima de nuestra dama, realizado al final de aquel primer viaje.

El artículo publicado por el *Corriere della Sera* sobre la exposición se titulaba «Velázquez, la mirada inquieta de la desilusión» (o desengaño). Y uno no puede evitar pensar que si Felipe IV, cuatro siglos atrás, le hubiese dado permiso para emprender ese tercer viaje, la mirada, mayor ya, de Velázquez habría estado llena de desilusión o desengaño. Nunca el paisaje es igual a como lo guardamos en la memoria. Todo cambia y solo nos damos cuenta cuando nos empeñamos en regresar y en creer que todo estaba como lo dejamos, y eso es improbable porque ni nosotros somos ya los de entonces. Vivimos gran parte de nuestros días sobrevalorando momentos pasados, remotos y emborronados. Todo mirado con perspectiva parece mejorar. Nuestro cerebro es el mejor contenedor de reciclaje emocional, a todo le da una pátina lustrosa.

Nunca volvió a la tercera ciudad vital en su biografía, junto a Sevilla y Madrid. Hay lugares capaces de cambiar nuestra manera de estar en el mundo, de transformar la forma de relacionarnos, de sentir, de vivir. Para un artista Roma es todo eso, es el kilómetro cero de la belleza.

Nota mental. Ahora sí, ya no podía demorar más ni la llamada a Prosper ni la visita al Gran Museo. ¿Por qué nos empeñamos los humanos en creer que dar la espalda a determinados problemas o situaciones los hace desaparecer?

24

El Gran Museo

—Si tuviéramos las radiografías con mejor calidad —dijo el conservador del Gran Museo después de observar durante dos interminables minutos la imagen que acompañaba el informe técnico.

—Claro, se las pido a Prosper.

Sentí como si fuera una victoria pronunciar su nombre en el Gran Museo, el sanctasanctórum del arte, el lugar al que demoraba llegar por temor a las caras que pudiera encontrar al exponer mis teorías. Pero una vez más se cumple esa regla no escrita de «cuanto más alto, más interés» o, en todo caso, predisposición para escuchar. Me recordó a esa teoría banal pero cierta de que nunca te tratarán mal en una tienda donde se venden zapatos a dos mil euros.

El conservador es una eminencia en el mundo artístico y más concretamente en todo lo referente a los siglos XVI, XVII y XVIII. Ha publicado mucho sobre Velázquez y quizá, sin tener el cartel de otros «gurús», sea el más abierto de miras; también es el más joven en un mundo donde la juventud te separa solo un puñado de años de la jubilación. Su despacho está en un edificio anexo al museo. Sobre la mesa, recortes, libros, catálogos y cartas sin abrir, la penumbra domina la escena. Es un tipo que necesita la ausencia de luz para arrojarla. Jovial, afable, casi sin acento inglés —llegó a España siendo un crío—, había oído hablar de él, pero no lo conocía personalmente. No suele dejarse ver por las salas en las presentaciones ni en las ruedas de prensa, no es propenso a buscar el foco.

—Le puedo pedir las placas, imagino que las tendrá —dudé—, aunque perdió el contacto con el taller de restauración.

—Sería magnífico, lo ideal. —Se le iluminó la cara—. Podríamos ver qué ha pasado ahí debajo. En algún momento de la vida, este cuadro sufrió un trauma. Algo le pasó.

Mientras buscaba en archivos del ordenador, mi imaginación viajaba en el tiempo y veía ataques, incendios, caídas, desventuras. La pobre chica, además de huérfana, ha tenido una vida convulsa. Cuán diferente habría sido su existencia de tener una firma, de ser obra, ya no de Velázquez, de algún pintor de segunda fila capaz de abrirle las puertas de algún museo. No es lo mismo colgar de las paredes de una institución donde, aunque sea de paso, te admirarán un puñado de ojos, a estar años encerrada en ese despacho de Barcelona bajo una única mirada.

—¿Por qué dices eso del trauma? —me aventuré a preguntar.

—Su postura no es normal, no es natural —me explicó—. La proporción de la chica es inverosímil, me atrevería a decir que toda la parte de abajo está reconstruida, es posterior al rostro. Su cuerpo no es su cuerpo, es un añadido posterior.

O sea, si antes tenía un cuadro, ahora tenía la mitad del mismo. Es como si se fuera consumiendo delante de mis ojos.

—Te hablé también de la almagra y la tierra de Esquivias al ver en las fotografías este rojo. —El conservador señalaba una pantalla en la que iba superponiendo imágenes conforme hablábamos—. Ese rojo solo puede ser de un momento de 1623 a 1628.

—Eso contradice la teoría sevillana de Prosper. —Mi voz tembló imperceptiblemente.

—Si fuera un Velázquez, yo, sin profundizar, creo que no lo es, no podría ser de juventud.

—Entiendo.

—Las imprimaciones de Velázquez en Sevilla no son así. Él pasa de las marrones a las rojas y ya, después de conocer a Rubens, a las blancas. Además, muchos pintores ya utilizaban las rojas; en Madrid casi todo el mundo, desde el Greco, fíjate. El rojo da pocas pistas.

Pasé entonces a exponerle todos mis hallazgos. Mis descubrimientos a través de la National Gallery y esa supuesta localización de la obra en el catálogo del barón.

Estuvimos comparando un buen rato rostros, ojos, narices, cejas, pómulos. Nada nos llevaba a la Isabel de la vía inglesa.

—La nariz tiene algo, es como si en su punta hubiese sucedido algo —observó—. Un borrón, una rectificación. Son muchas preguntas. Ten en cuenta también los fallos de catalogación. Puede ser que se encontraran juntos, ella y ese Felipe IV, y directamente, alguien con prisas la catalogara como su mujer sin serlo. La verdad, el retrato no es malo, es un buen cuadro, quiero decir, no es algo ridículo. He visto muchos cuadros peores que afirmaban ser Velázquez.

El conservador seguía abriendo imágenes en el monitor. Volvió a la radiografía de Prosper. Su entusiasmo y entrega eran contagiosos y renovaban mis ganas de seguir escuchando. Cada clic en el ratón abría una nueva carpeta. Saltaba de radiografías a pigmentos, de vestimentas a armas, de biografías a marcos. Yo, ingenuo siempre, esperaba un giro de los acontecimientos que cambiara la suerte de nuestra dama.

—Como te digo, hay algo que no encaja. Quizá en algún momento reconstruyeron toda esta parte de abajo y le pintaron esa especie de tul o corpiño semitransparente. No sé, pero es apasionante, cuando empiezas con un cuadro, con una obra, no acabas nunca —admitió con una sonrisa—. Uno de mis consejos es que acotes lo que quieras contar y pongas un límite. Cada experto te dirá una cosa y probablemente esa cosa te lleve a otra, y así hasta la desesperación. Debes saber dónde poner punto final. Ya sé, lo ideal sería una autoría clara, un gran descubrimiento, pero eso no va a suceder. Con Velázquez no se juega. Hasta obras *a priori* muy claras permanecen en un limbo del que es difícil salir. Quizá los años, un documento muy muy claro o el improbable acuerdo entre especialistas puedan sacarlo de ahí.

Seguía sin apartar la mirada de la pantalla. Me enseñaba radiografías de otras obras, eran claras, limpias, nada que ver con el desastre de Prosper. De repente, se detuvo un momento.

—Los ojos, los ojos son extraños también, no soy experto en este tipo de imágenes. ¿Te importa si le digo a una colega que venga a echar un vistazo? Es la gran experta en rayos X. Su mirada es capaz de cazar detalles inverosímiles.

—Yo encantado, si no te importa.

Hizo una rápida llamada y me informó:

—En diez minutos está aquí.

—Muchas gracias. ¿Sabes? No hago más que pensar en lo frustrante que es acercarse a Velázquez desde la perspectiva documental, no hay nada más allá de trámites puramente burocráticos, pero también, y conforme lo voy conociendo, la ausencia de épica o emoción biográfica. —No pude evitar un suspiro—. Es como un tipo frío, calculador y planificador, tan planificador que fue capaz de diseñar cómo quería ser recordado. Quizá son solo pensamientos gratuitos.

—No, no creas —replicó sin asomo de suspicacia ante mis palabras—. Es así; hay un libro de Ramón J. Sender, *Ver o no ver* se llama, donde habla de eso; lo dice de una manera más dramática, o novelesca si lo prefieres, pero es exactamente eso. Él escribe que «Velázquez no tiene monstruos», y es esa ausencia de fantasmas la que le hace parecer distante. Todo genio tiene su reverso, y él, salvo ese silenciado episodio del hijo en Italia, no tiene zonas oscuras.

—Exacto, y no me fio de alguien inmaculado, o casi. Es demasiado perfecto.

—Totalmente. Me hizo mucha gracia un artista contemporáneo que vino por aquí, no recuerdo su nombre, era coreano o chino, y después de la visita dijo: «Todo en Velázquez es templado, no te deja frío, pero tampoco te abriga», y esa sensación le gustaba también porque invitaba a la tranquilidad, le daba paz.

—Yo creo que es culpa del relato —argumenté—. No hemos alimentado su leyenda.

Con esa palabra, leyenda, todavía flotando en el aire entró en el pequeño despacho la experta en rayos X del Gran Museo. Experta de verdad, capaz de ver cualquier diminuto detalle en una radiografía. Años atrás me realizó una visita guiada por su laboratorio, y fue toda una experiencia descubrir lo que esconden casi todos los cuadros analizados al contraluz de los negatoscopios.

—Hola —nos saludó, sonriente.

—Hola, gracias por venir —dijo el conservador—. A Carlos lo conoces, ¿verdad?

—Sí, hace un tiempo nos hizo un reportaje en el laboratorio.

—No te queremos entretener demasiado. —Fue directamente al grano—. Carlos está escribiendo sobre un cuadro, una obra que tiene un coleccionista en Barcelona, y queríamos enseñarte esto.

Por primera vez alguien llamaba a Prosper coleccionista, alguien le otorgaba una ocupación relacionada con el arte. Me hizo ilusión comprobar cómo le tomaban en serio.

—Mmm, está muy recortada. Es tremendo, ha sufrido mucho esta señorita. Fíjate, esto parece una humedad que ha logrado abrirse paso hasta la mitad de la tela.

Empezaba a compadecerme también de la supuesta Juana y de su desdichada vida, de mano en mano sin ser muy cuidada, vendida al mejor postor en subastas de cuarta, almacenada en algún desván, expuesta a un rápido deterioro, objeto de restauraciones desafortunadas y repintes. Eso sí, aguantando la mirada estoica. La dama del cuadro fue alguien concreto, con nombre y apellidos, y en algún momento estuvo delante de un artista que, por su semblante, la trató con mimo y cariño, y ese es el momento que ha logrado abrirse paso entre los siglos, un instante de felicidad, de tranquilidad, de verdad. A partir de ahí, todo sería caer. De alguna manera, Prosper le ha devuelto esa dicha al tenerla en tan alta estima. Él recoge el testigo del pintor o pintora que cuatrocientos años atrás fue capaz de establecer una complicidad con la modelo. Probablemente, nadie la ha vuelto a mirar así.

—Un informe realizado de forma privada afirma que hay un retrato de un caballero debajo —apostilló el conservador con el ánimo de seguir despertando el interés de su colega, que bastante trabajo tendría como para añadir más carga a su día.

—Puede ser, esto parece un sombrero, aquí parecen confundirse o fundirse los dos rostros. La nariz es rara. ¿Puedes superponer obra y radiografía, pero solo esta parte? —Señaló con las manos desde la nariz hasta el nacimiento del cabello, como si hubiese descubierto algo.

A estas alturas yo sabía distinguir los cambios de dirección en una conversación y cuándo estaba a punto de asomar algún aporte significativo.

—Amplía, amplía más. Sí, debes buscar a alguien con los ojos azules. Tu chica los tiene claros.

—¿Cómo? —me sorprendí.

—¿No lo habías considerado?

—No, daba por hecho un color marrón —admití.

—Pues son azules —dijo sin sombra de duda—. A simple vista, en el cuadro es difícil de distinguir, ampliando mucho podrás ver ecos de ese azul desprendido o descolorido por el tiempo y las condiciones de conservación, Pero si ves la radiografía, se aprecia muy bien; esa claridad en la pupila solo puede significar eso.

Nos quedamos los tres unos segundos en silencio. El conservador ampliaba al máximo la zona del ojo. La gran mayoría de los descubrimientos suelen ser obvios, cosas en las que nadie repara, a pesar de estar ahí desde siempre. Había visto decenas de veces la radiografía, pero nunca me había detenido con atención en los ojos. También es cierto que las obviedades suelen descubrirlas eminencias en la materia, capaces de apreciar detalles que el resto ni intuimos.

—Pues es verdad —balbuceé—. Ojos azules, eso tira por tierra muchas posibilidades. ¿Pintó Velázquez a alguien con ojos azules?

Acudimos de nuevo a la *Adoración de los Reyes Magos*, donde todo parece indicar que el artista utilizó como modelos a su familia, incluidos Pacheco y él mismo. El Niño Jesús no tiene los ojos azules, y la Virgen, quién sabe si Juana Pacheco, los tiene cerrados, vaya mala suerte.

—No sabría decirte ahora mismo —respondió el experto.

—El peinado, ¿habéis estudiado el peinado y lo poco salvable de la indumentaria? Quizá arrojen luz —apostilló su colega.

—Es verdad, te voy a pasar el contacto de una experta en vestuario y peinados de arte —dijo él—. Es encantadora, dile que llamas de mi parte.

Sonreí y apunté el mail y el teléfono. Me quedé un rato observando un enorme muro lleno de radiografías artísticas.

—Es una pared preciosa, tiene mucho encanto y misterio —dije.

—¿Sí, verdad? Es como tener el alma de los cuadros aquí —respondió el restaurador, con una gran sonrisa.

Ya nada me retenía en aquel despacho, así que empecé a despedirme.

—Muchas gracias a los dos por la información, he aprendido mucho en este rato.

—Si necesitas cualquier cosa más, no dudes en escribirme.

Salí de allí pensando que aquel hombre era realmente un dechado de amabilidad. No sé por qué había postergado tanto tiempo aquella visita.

***

A la experta en vestuario preferí mandarle primero un mensaje presentándome y pidiéndole permiso para enviarle las fotos, y después llamar y charlar sobre el vestido y peinado de mi dama. La respuesta fue inmediata y amable; la amabilidad es un denominador común en los trabajadores del arte, o al menos con los que yo me había encontrado. Fijamos esa llamada para una hora después.

Tras los saludos pertinentes, ella entró en materia:

—El cuadro es muy bonito e interesante —concedió—. Tu joven dama va vestida a la usanza de hacia 1630. Es en esos años cuando se pone de moda la doble «valona», ese cuello más pequeño en la parte superior. El resto de la indumentaria es más compleja de analizar, se aprecia un cuerpo con pequeños cortes o cuchilladas pasadas de moda y encima algún tipo de prenda negra casi imposible de distinguir. Es muy probable que toda esa parte sea un añadido posterior, no muy bien interpretado.

La conversación con la experta en vestimenta fue muy inspiradora. Volvía a situar a la dama en época, y eso, confieso, siempre me hacía respirar aliviado. Hubiese sido una decepción mayúscula si algún experto me lo trasladase de siglo.

—¿Y el peinado? —pregunté—. Permíteme que abuse de tu confianza y de tu conocimiento.

—No te preocupes, me encantan estos temas —replicó—. Disfruto mucho investigando. El peinado también nos lleva a esos años treinta del siglo XVII. Es en esa fecha cuando se estilan esas curvas pronunciadas, abultadas, describiendo una silueta sumamente acentuada en la cabeza.

—Sí, hacen las cabezas enormes —reincidí para prolongar la conversación.

—Es increíble, ¿verdad? Cómo cambian las cosas, ¿te imaginas ahora a alguien yendo así por la calle? Parecería de carnaval —se rio.

—Totalmente —me mostré de acuerdo.

—Este peinado tan típico suele tener otro elemento común: el pelo tapa las orejas. Imagino que los artistas aplaudirían esto, así les ahorraba el trabajo de pintarlas, aunque no es de las partes más difíciles, según tengo entendido.

—Creo que las manos son lo más difícil —señalé.

—Sí, es verdad. Pues en tu dama también se ahorraron ese esfuerzo —apuntó ella—. En cualquier caso, imagino que ya las habrás visto, pero esa forma del pelo irremediablemente nos lleva a dos mujeres, doña Antonia de Ipeñarrieta, del propio Velázquez, y que provoca una sensación tridimensional y recortada parecida a la de tu enigmática modelo, y la otra obra es la que se supone que es doña Inés de Zúñiga, un cuadro conocido también como *Retrato de una dama*, que creo recordar está en Alemania.

—Es muy similar, sí, estoy viéndolas de nuevo mientras hablamos. ¿Y sabes una cosa? El dueño de esta dama y un amigo suyo historiador del arte me advirtieron de ese parecido. Estoy buscando un correo electrónico, germen de todo esto, para ver exactamente lo que decía. Un segundo.

Entré rápido en el buzón de la cuenta «loscuadroshablan», creada para intercambio de mails exclusivamente artísticos o que tuviesen relación con esta investigación.

—Aquí lo tengo, me pusieron lo siguiente: «Un último detalle que no he mencionado es la tipología de retrato de mujer de Velázquez, en posición de tres cuartos y con preferencia mostrada mirando hacia la izquierda (repasa los últimos adjuntos, quince al diecisiete). ¡El de la reina María de Hungría es harto parecido, con unos años de diferencia! Por cierto, mirando las perlas que cuelgan de las orejas de la imagen diecisiete, grises con un preciso toque blanco en el *Retrato de una dama* (Gemäldegalerie), observarás cómo son de parecidas si las comparas con las de nuestra joven».

—No les falta razón. Te iba a comentar lo de las joyas; las perlas son las mismas que asoman de los mechones de pelo de Inés de Zúñiga.

Seguimos hablando un rato de vestuario y de como muchas veces su estudio ha servido para datar e incluso autentificar una obra.

Nos despedimos al cabo de un rato y yo quedé en informarle si hacía algún descubrimiento nuevo. El cuadro la había conquistado, aunque fuera un poco.

Añadido 1. ¿Y si busco a la restauradora de la dama?, ¿y si guarda las placas e información que no aparece en el informe? Mientras escribo esto, resuenan en mi mente las palabras del conservador: «Uno de mis consejos es que acotes». No puedo estar abriendo puertas toda la vida.

25

La familia de Felipe IV

En la séptima acepción del término «acotar» que encontramos en el diccionario de la Real Academia Española hay una definición que venía mucho al caso: «ponerse a salvo o en lugar seguro». El sitio más seguro de la ciudad era la sala donde cuelgan *Las meninas*, lugar recurrente al que acudir para ver si sus habitantes me contaban algo nuevo.

Martínez del Mazo, el discípulo, no atinaba a pronunciar palabra alguna. Sabía que el maestro llevaba tiempo realizando un retrato real, pero jamás hubiese imaginado algo así. Real en el sentido de real era como lo explicaba Velázquez. Estaban los reyes y era además un instante real, fiel a lo sucedido. Era un momento detenido, una escena cotidiana elevada a la categoría de arte. El rey todavía no lo había visto, pero había sido avisado de que no esperara un retrato al uso.

El yerno seguía mirando el enorme cuadro que todavía olía a pintura y a cera. Se acercaba, se alejaba, suspiraba, exhalaba, balbuceaba. Guiñaba un ojo como para tener otra perspectiva. No le encontraba fin, preguntaba en voz alta cómo alguien era capaz de realizar una obra interminable, de engañar al ojo ajeno, de jugar con la atención de quien lo contempla. El espacio era reconocible, pero parecía nuevo, inexistente, irreal, dotado de un magnetismo y una luz nunca vistas. A Mazo le impresionaba todo. Veía a la persona que más admiraba dentro del cuadro pintando a su vez un cuadro, a los reyes reflejados en el espejo. Veía a la infanta centro de atención, y la puerta del fondo fuente de luz. Pero lo que no podía explicar era el aire, casi inapreciable. Nunca antes había visto a alguien capaz de pintar el aire; el aire es invisible, no tiene color, cuerpo ni forma, y sin embargo lo adivinaba, lo respiraba, casi casi lo tocaba.

—¿Cómo se logra eso, cómo se pinta una atmósfera? —pudo balbucear.

Su suegro, su maestro, su mentor y su amigo le explicó con toda lógica que se había limitado a trasladar a la tela lo sentido, además de lo visto, pero sobre todo lo sentido.

¿Cómo podría haber sido ese diálogo, esa conversación? Es difícil reproducir conversaciones de épocas remotas sin caer en errores de trato, de forma y de tono. Pero también es todo un reto intentarlo.

—Querido Juan, he trasladado a la tela lo sentido, también lo visto, pero sobre todo lo sentido —explicó el maestro—. Posaron para mí varias jornadas, y en todas se produjo una especie de milagro, había una tranquilidad y una paz que jamás había logrado. Esa quizá sea la explicación, la naturalidad, algo casi imposible de conseguir.

—Y os habéis atrevido a situar al perro por delante del resto de los personajes, incluso de doña Margarita —señaló Martínez del Mazo, todavía conmovido.

—Sí y no, Juan. En realidad, en esta enorme trampa yo estoy pintando a sus majestades, como sugerías, y a mi lado, como meros espectadores, se sitúa el resto. El perro, fiel compañero de nuestro rey, es el primero por querer siempre estar cerca de él. Su lealtad es inquebrantable desde que nació, como la de su padre cuando se lo regalaron a Felipe III. Quería dejar patente ese respeto. El perro está sumamente tranquilo por la presencia de su amo, y esa tranquilidad lo invade todo y contagia al resto del cuadro. —Velázquez hizo una pequeña pausa y, al cabo de unos segundos, prosiguió—: Pero, Juan, hay otra explicación también para haber hecho así este cuadro. Su majestad lleva años evitando que le retrate, no quiere verse envejecer, se ha obsesionado con el paso del tiempo y comprueba cómo se escapa la vida en cada pincelada. Yo no puedo traicionarme, pinto la realidad, y eso no le gustaba demasiado si la realidad era él. ¿Sabes lo que dijo?

—No. ¿Se enfadó? —aventuró el yerno.

—No fue enfado, pero sí contundencia. «No me inclino a pasar por la flema de Velázquez, por no verme ir envejeciendo», esas fueron sus palabras exactas.

—Desconocía el motivo, pero sí me llamaba la atención la ausencia de retratos de un tiempo a esta parte.

—Por eso propuse hacer esto —desveló Velázquez—. Él allí, al fondo, en un espejo, borroso, difuso. En la confusión no hay vejez ni edad. Solo se adivina. Es más, la atención nunca se centra en los reyes, nuestro ojo pasa por ellos sin detenerse. La puerta y el aposentador de la reina, mi querido José Nieto, son los primeros lugares donde mirar. Y después de esa primera llamarada, quizá se pregunten por lo que le está diciendo María Agustina a la infanta. En ese instante ya tengo al observador atrapado, ya se ha metido en el cuadro.

—¿Qué le dice, por cierto? —se interesó Juan.

—Que han entrado los reyes en el salón —respondió Velázquez con una sonrisa.

—Ingenioso, desde luego —admitió Mazo—. Y perdonad el comentario, ¿no os tildarán de vanidoso por haberos retratado junto a ellos?

—Muy probablemente, aunque la obra está destinada a los aposentos privados del rey y poca gente podrá contemplarla. Pero yo me he pintado como un sirviente más de su majestad. Quien quiera ser maledicente lo será, haga lo que haga.

—Qué pena que no pueda verlo Francisca, vuestra desdichada hija y mi querida esposa. Hubiese disfrutado tanto con el cuadro. Se podía pasar horas hablando de pintura y de vos.

—¿Sigues conservando el retrato que le hice como regalo de bodas?

—Claro, le tengo mucho cariño, ¿os acordáis de cómo se reía por lo pronunciado del peinado y de que su madre le dejó el collar de perlas? —Juan sonrió con nostalgia.

—Como si fuese ahora mismo —una sombra cruzó el semblante del maestro—. Pero ese peinado se empezó a poner de moda justo en esos años. Quizá me excedí en el volumen, pero su rostro, su mirada lo aguanta todo.

—¿Y recordáis que ella se empeñó en que la pintarais reutilizando una de las telas del taller, borrando un retrato de un varón, no sé si era un soldado o algo parecido?

—No, no. Si no me equivoco, era el boceto de un caballero sin nombre que llevaba tiempo abandonado a su suerte y ella siempre lo miraba con tristeza, y decidió que al menos tuviese una segunda existencia.

—Es cierto.

***

Una de las teorías de la historiadora, cuando Prosper le mostró su cuadro, apostaba por un posible retrato de la hija de Velázquez, de Francisca, realizado como regalo de bodas. Esa teoría concuerda al menos con la moda del peinado y podría encontrar también defensa en las perlas de nuestro cuadro.

Vaya, perdonen, he vuelto a utilizar nuestro. Nuestro es un pronombre fácilmente equívoco. «Nuestras» son muchas cosas que, sin embargo, nunca nos han pertenecido y nunca lo harán. Consideramos nuestros a objetos o sentimientos inalcanzables instalados en nuestra memoria o en nuestra consciencia, y la dama del cuadro había traspasado la línea divisoria entre lo ajeno y lo nuestro. Igual que espero que ahora se convierta también en algo suyo, de ustedes, y sin tener el valor del apellido asegurado, lo hagan de su propiedad emocional.

***

Quizá la mejor crítica o comentario que he leído sobre *Las meninas* fue la del escritor Théophile Gautier. Cuentan que, al visitar el Prado en el siglo XIX y situarse frente a *Las meninas*, lo definió con una frase maravillosa al exclamar: «¿Dónde está el cuadro?».

26

De lo humano y lo divino

Me pareció justo, no sé si buena idea, compartir lo que yo veía como un descubrimiento con algunas de las personas partícipes en esta búsqueda, al menos con aquellas receptivas en su día a no juzgar argumentos *a priori* o de forma prejuiciosa. La primera en esa lista era la historiadora. Meses antes había escuchado atenta todas las explicaciones y se tomó la molestia incluso de responder también a Santi y Prosper. Para ella era prácticamente imposible que nuestra dama fuese Isabel, la razón de peso era el pelo, una era morena y la otra rubia, fin del debate. Además, el moreno de Isabel era de los que no dejan lugar a la duda; si por lo menos hubiese puesto el nombre de la hermana, de María de Austria, se podría haber cuestionado. Me sugirió buscar en los testamentos o inventarios de Juana y Velázquez e incluso en los de su hija Francisca, por si aparecía algún Felipe IV o alguna «cabeza de mujer», y es ahí donde nace otro capítulo imprevisto.

En el inventario de los bienes de Juana y Diego no iba a encontrar nada. Los había repasado varias veces y jamás vi nunca nada capaz de hacer saltar mis alarmas, una alarma, por otra parte, extremadamente sensible y ruidosa ante cualquier nimiedad, como habrán comprobado. Pero siempre suelen ser falsas alarmas, fuegos rápidos de apagar. Por ejemplo, volviendo a ver con detalle un inventario anterior, tras la muerte de Francisca, me topé con las entradas 53 y 54.

> Dos retratos de los señores reyes Felipe quarto y doña Mariana, que Dios guarde, de medio cuerpo, con molduras negras.

A esas alturas, mi corazón ya se aceleraba poco cuando me daba de bruces con este tipo de cosas. Si me llego a encontrar con esas líneas en los comienzos de esta historia, soy capaz de salir a la calle y empezar a gritar el hallazgo. Pero ahora había madurado, y solo era cuestión de tiempo esperar el puñetazo.

«Esos deben ser de su marido, de Mazo, del yerno de Velázquez», me respondió casi de forma inmediata la historiadora, a la que mandé un pantallazo, aprovechando nuestra reciente conversación.

¿Y si llevaba razón y fueran de Mazo? No sería descabellado pensarlo. Mazo era, por razones obvias, el más velazqueño de los admiradores de Velázquez. Siendo sinceros, a estas alturas, yo firmaría esa autoría, me parecería una salida digna, es decir, no es lo esperado, no es el premio gordo, pero es un nombre lo suficientemente importante como para que nadie saliera mal parado, y no hablo de mí; al fin y al cabo, soy un mero transmisor de pequeños descubrimientos. Me preocupa más Prosper y sus expectativas. ¿Dónde se establece la barrera separadora entre ilusión y desilusión? Es bueno pelear por algo, soñar con una meta, pero no debería convertirse en el único objetivo de nuestro día a día. Hay que abrirse a otras opciones, de lo contrario, nos jugamos la vida a una bala. Nada de esto vale para Prosper, Mazo no sería una opción; ni siquiera Velázquez si ello implicara renunciar a que la modelo fuera Juana. Pedía demasiado.

Pero la nueva incursión en el inventario de Francisca me hizo reparar en una particularidad. Como siempre andaba buscando detalles técnicos o pictóricos o documentales, había dejado escapar uno biográfico importante, al menos a mi parecer, para explicar al artista. Ese inventario es de 1653. No es ningún hallazgo, pero es muy probable que estuviese presente el padre, Diego Velázquez, y eso me, lleva a pensar en la desdicha de este hombre. Enterró al poco de nacer a Ignacia, entierra ahora a Francisca y en Italia ha dejado un hijo ilegítimo al que parece tener mucho cariño y que morirá pronto. Tres de tres es una estadística muy alta, aun tratándose de esa época.

***

El 8 de noviembre de 1653 los dolores de parto eran tan grandes que Francisca, la única hija del pintor y de Juana, se ve obligada a hacer un testamento apresurado otorgando poderes a su marido y a su padre. Se moría, y era consciente de ello, nadie puede saber con exactitud que se está muriendo porque nadie lo ha podido contar tras hacerlo, pero se debe de tener la intuición de la cercanía del final. Quería dejarlo todo arreglado y confesarle a su padre el deseo de que Juan encontrara una mujer pronto para poder seguir teniendo un hogar. Velázquez aguantó sin llorar hasta abandonar la estancia. Al salir a cielo abierto se derrumbó y maldijo su desdicha. Maldijo el futuro que se escapaba sin descanso. En la vida nadie te anuncia un giro de guion, nadie te avisa cuando, al doblar una esquina, aguarda un golpe del que parece imposible recuperarse. Poco después llegaría otro: Antonio, el hijo italiano, moriría a los ocho años. Velázquez no lo vería nunca más, a pesar de su insistencia por viajar de nuevo a Italia.

Ignacia, Francisca, Antonio, demasiado dolor. Cuando uno estudia al pintor, o le hablan de él, se pasa bastante rápido por esos aspectos de su biografía; es como si Velázquez fuera inmune al sufrimiento, y esa imagen de frialdad, unida a la falta de documentación, han hecho pasar a la historia a un artista inconmensurable, pero sin ese componente humano, en ocasiones tan importante como el otro. Cuando se le menciona, cae todo el peso del academicismo, todas las teorías del arte posibles, y las imposibles también, y se pasa de puntillas por su vida. Y quizá —esto es subjetivo, como todo— eso le ha alejado un poco; es decir, tiene el favor del público, pero no tiene la épica de otros artistas. Necesitamos creer en dioses humanos, por eso recreo la escena del fallecimiento de su hija de esa manera.

Y, a poco que se conozca a Velázquez, uno se da cuenta de que algo falla en la ecuación. Humanizó a reyes y papas con sus pinceles y dotó de dignidad y atrevimiento a bufones y esclavos; sin embargo, consigo mismo no encontró el punto adecuado. Quizá tanto palacio terminó por alejarle de la cotidianidad, ingrediente imprescindible para cualquier persona dedicada a las artes.

***

Durante un viaje reciente a Nueva York, aprovechando una semana de vacaciones, fui a visitar el MET, el Museo de Arte Metropolitano de Nueva York. Iba con la única intención de ver el retrato de una de las personas presentes ese 8 de noviembre de 1653 a los pies de la cama de la moribunda Francisca: el esclavo Juan de Pareja, testigo en la elaboración de ese testamento que la enferma no pudo ni firmar por falta de fuerzas. Un Juan de Pareja artista, libre desde hacía dos años, y que acompañó también a Velázquez en la aventura italiana.

En el camino a encontrarme con Pareja me crucé con Rembrandt y su autorretrato a la edad de cincuenta y cuatro años, realizado sin compasión, plasmando el implacable paso del tiempo y reflejando en su rostro los vaivenes de una existencia marcada por las pérdidas, la de dos mujeres y tres hijos. Y uno no puede evitar empatizar con él, sentir cercanía, una sensación bastante diferente a la que provoca ponerse delante de Velázquez. Los dos habían pasado por desgracias parecidas, pero nada tenían en común sus rostros.

En la misma sala donde descansa Juan de Pareja también se puede ver al *Caballero Marquand.* Ese caballero es muy probablemente Juan de Córdoba, el confidente, amigo y ayudante de Diego en sus años italianos. Pareja y Córdoba en la misma sala, dos de los tipos que más me hubiesen ayudado a escribir estas páginas, conocedores de casi todos sus secretos, de sus momentos luminosos, pero sobre todo de sus muchas sombras, de esos lugares oscuros tan poco transitados. Para cerrar el círculo, a la izquierda de Pareja hay un cuadro de la infanta María Teresa, de Juan Bautista Martínez del Mazo, una obra que automáticamente me lleva a nuestra dama, por parecido, mirada, técnica. Quizá inducido por la respuesta de la historiadora o simplemente será normal mirar un Mazo y pensar en su suegro y maestro.

Aproveché bien el día en el Metropolitan de Nueva York. Había pedido cita en su archivo, tampoco sé exactamente con qué intención, pero no perdía nada por pasar un rato buscando referencias.

Le conté a Rommer Neigh, por encima, el motivo de mi visita. Rommer es el jefe del archivo y, por suerte para mí, un estudioso y devoto de la pintura española en general y del Barroco en particular. Vivió en España disfrutando de una beca en el Museo del Prado a mediados de los años ochenta del pasado siglo; eso le permitió asistir a la restauración de *Las meninas*, realizada por —la vida es así de circular— el entonces jefe de restauración del MET, donde Rommer empezaría a trabajar cuatro años después tras un breve paso por el Museo Británico.

Nota mental. La restauración de Las meninas *se merecería otro capítulo. Atreverse con una de las obras más importantes de la historia, devolverle la luminosidad al cuadro, tener el valor de tocarlo. Seguro que hay historias apasionantes, pero tampoco puedo ir abriendo capítulos a cada paso. Lo pensaré.*

—Me gusta el cuadro, pero yo soy documentalista —me dijo Rommer después de haberle enseñado a Juana o quienquiera que fuese—, trabajo solo con papeles, quiero decir: no entro a cuestionar su autoría. Aquí decimos: «*To open a can of worms*», en España se utiliza, pero no me acuerdo cuál sería su equivalencia en español; debo practicarlo más.

—Sí, la traducción sería «meterse en un jardín» —salí en su ayuda.

—Eso es. Las autorías son un enorme jardín, frondoso, lleno de charcos y trampas. Y salvo que seas una autoridad máxima, no lograrás salir de él. Siempre lo comparo con la escena final de *El resplandor*, ese laberinto del que no puede salir Jack Nicholson.

—No, no pretendo eso en absoluto —lo saqué de su error—. Simplemente sigo un rastro. No aspiro a más.

—¿Sabes? Este museo ha tenido suerte en los últimos tiempos. Imagínate, si es difícil demostrar una autoría, piensa en tres, sí, tres, y del mismo pintor, casualmente tu Velázquez. Hemos pasado a ser uno de los lugares con más cuadros del sevillano gracias a los descubrimientos. ¿Has estado en las salas? El último es el retrato de un hombre, parece que Juan de Córdoba. Por aquí estuvieron estudiosos llegados de Madrid con conservadores locales, y *boom*, otra obra maestra. —No pudo evitar un gesto de satisfacción—. De alguna manera, es injusto, ¿no crees? Ese caballero era un simple caballero hasta ese día de 2019; desde entonces, es una obra maestra. Lo de repartir el título de «obra maestra» también tiene su aquel.

—Sin duda —me mostré de acuerdo—, siempre lo he pensado. Depende del autor, la obra es mejor o peor, independientemente de su calidad. Un Velázquez menor siempre será preferible a una«obra maestra» de su yerno o de Coello, o de Alonso Cano. Es el *marketing*.

—Mira, después de todo lo que has leído e investigado y de tanto documento consultado, se me ocurrió que podrías echar un vistazo a este libro. Pertenece a una colección deliciosa llamada «Artistas célebres», dirigida por Eugène Müntz. El volumen dedicado a Velázquez lo firma Paul Lefort. Tienes para pasar un buen rato, pero si me das un mail, te mando el ejemplar digitalizado.

—Vaya, muchas gracias. Debo reconocer que tengo un jaleo con catálogos, libros y demás documentos de finales del siglo XIX, pero este no lo conocía.

—Es que hubo un *boom* de publicaciones provocado a su vez por ese *boom* del coleccionismo. Lefort era un respetado crítico francés y, como podrás comprobar, un apasionado de la pintura española. Toda la primera parte es biográfica, muy detallada y muy completa para tratarse de Velázquez. Y al final, quizá lo más interesante para ti, hay un completo catálogo de obras, mira. —Rommer abrió con delicadeza el libro por la página 149—. Ahí tienes todos los retratos catalogados por Lefort. Muchos de Felipe IV, claro, dos de Juana Pacheco, una es la *Sibila* del Prado. De hecho, aparece una ilustración, pero ¿y el otro...? ¿Cuál es ese retrato de Juana Pacheco de medio cuerpo del conde de Dudley? ¿O quiénes son todas esas jóvenes retratadas que cita después, e incluso esa *Dama española* perteneciente a sir William Stirling-Maxwell, al que seguro conoces? Quiero decirte con esto: tu dama podría ser cualquiera y podría no ser ninguna. Es casi imposible de averiguar, pero haces bien en reivindicarla —me animó—. Es bonita, tiene mirada, tiene atmósfera, y si fuera lo que tu amigo busca, ascendería muchos peldaños en popularidad, y donde unos considerarían antes algo menor, ahora verían otra cosa y se escribirían libros, artículos y teorías, y pasaría a exponerse con honores, y el museo custodio no la prestaría por su delicado estado, lo que todavía le otorgaría una pátina mayor. «Solo se puede ver si vienes a verla», ese sería el reclamo. *Business* es *business*, y en arte más.

Sabía que tenía razón. Me intrigaba ese nuevo libro que me acababa de mencionar. Se empezaba a hacer tarde y me dispuse a despedirme.

—No le entretengo más. Muchísimas gracias por todo y por responder tan rápido a mi mail y recibirme con tanta premura. Entonces, me manda un PDF de este libro, ¿verdad? —Para variar, insistí, por si acaso se olvidaba. Una insistencia absurda.

—Sí, ahora mismo. Gracias a ti, siempre está bien levantar un rato la mirada de viejos papeles y charlar con alguien. Mucha suerte con tu investigación.

Cada vez que alguien me decía lo de «buena suerte con la investigación» me sentía un impostor. Yo no estaba investigando nada, solo trataba de profundizar en una historia protagonizada por un cuadrito sobre el que alguien, Prosper, tiene una teoría y, sobre todo, mucho amor. Una investigación es otra cosa, es lo que hicieron, por ejemplo, con el Juan de Córdoba.

De los museos siempre se sale por la tienda. La del MET está llena de camisetas y *souvenirs* con el autorretrato de Van Gogh, otra de las superestrellas del museo, poca cosa velazqueña. Van Gogh es otro ejemplo de lo expuesto antes, un artista dotado de un algo que no tiene Velázquez: biografía, quizá. Por eso, salvo que alguien cambie el relato y futuros hallazgos lo posibiliten, siempre habrá más camisetas del loco del pelo rojo que del «pintor de pintores». Una vida es casi tan importante como la técnica.

En Nueva York hacía un calor asfixiante aquellos días de julio, no había mejor plan que buscar el aire acondicionado de los museos. Me fui al MoMa para intentar olvidar el Barroco, a Juana, a Velázquez y todo su mundo, pero entre sopas Campbell y noches estrelladas, apareció un tumulto de turistas fotografiando *La persistencia de la memoria* —no lo recordaba tan pequeño—, de Salvador Dalí, y volvió a retumbar en mí su célebre frase del aire de *Las meninas* y de nuevo entré en bucle.

Al aterrizar en Madrid, un par de días después, entraron de golpe en mi teléfono seis mensajes de llamadas perdidas de Prosper y un par de wasaps de Santi. Empezaban a intranquilizarse de verdad. Había pasado bastante tiempo ya y no tenía la sensación de que estuviese avanzando.

***

El 18 de mayo de 2021 visité el Museo del Prado para hacer un reportaje, no recuerdo con exactitud cuál era el tema o la noticia exacta, pero la emitida en televisión no tuvo nada que ver con la que me llevó ese día hasta allí. Era el día internacional de los museos e imagino que mi crónica iba a versar sobre alguna actividad concreta. En mitad de la galería central, columna vertebral del Prado, divisé a un grupo de personas mayores escuchando atentas las explicaciones de su guía. Era una visita dentro de una actividad para acercar el museo a las residencias que, *a priori*, pueden tener más complicado acudir. La curiosidad hizo que me aproximara y empezara a charlar con ellos. Después de pedir permiso, pregunté si para alguno o alguna era la primera vez que venían al Prado. Una mujer levantó, tímida, la mano. Josefa. Pelo blanco brillante, piel dorada por una juventud en los campos, ojos claros vidriosos. Si era la primera vez que estaba en el Prado, también era la primera vez que veía *Las meninas*. Le dije si podía acompañarla a verlas. En ese momento, el reportaje se hizo solo:

—Josefa, noventa y dos años. Va a ver *Las meninas* por primera vez. Yo voy a dejarla sola. Es el cuadro del fondo.

(Eso se lo dije en lo que algunos sabrán que es el metro cuadrado más caro de Madrid. Está en la galería central, justo antes de entrar a la sala. Si miras a un lado, está Tiziano; si miras a otro, está Goya, de reojo Rubens y compañía, y al frente, *Las meninas*).

—Hay caminos que se hacen por primera vez en la vida y nunca es tarde. —Aquí se oye a Josefa preguntar, y nuestro cámara le dice: «Es el del fondo»—. Caminos que se recorren lentos pero seguros, un puñado de metros hechos con la ilusión de quien sabe que le espera un tesoro al final del trayecto. Teníamos previsto otro reportaje por el día de los museos, pero Josefa es un ejemplo claro de lo que puede hacer un museo por nosotros. Puede ser el Prado, como es el caso, pero puede ser cualquiera. Un museo nos cambia, nos hace mirar algo cada vez como si nunca lo hubiésemos visto antes. Josefa iba hoy al Museo del Prado con decenas de compañeros de la residencia. Josefa, que nos contaba bombardeos en la Guerra Civil y recordaba el hambre como sinónimo de su niñez, vivía hoy uno de los mejores momentos de su vida.

—¿Le gusta?

—Es alucinante, agradezco mucho haber venido.

(Y se le llenan los ojos de lágrimas).

—Por cosas así todos los días debería ser día de los museos, por miradas así. Miradas que demuestran que el arte, la cultura es tan necesaria como el aire que respiramos.

Fue un reportaje sencillo en dos planos. Estoy seguro de que hubiese sido el mejor regalo para Velázquez, alguien sencillo admirando su obra, llorando delante de lo que pintó siglos atrás. *Las meninas* tienen poder eterno para transformarnos.

27

De cuerpo presente

Si de acotar se trataba, nada acota más que la muerte. La muerte es el final, el fin, el telón cayendo. No tengo el suficiente valor como para recrear el fallecimiento de Velázquez. Prefiero dar voz a los últimos días de Juana, protagonista involuntaria de todos mis pensamientos.

Juana Pacheco Miranda murió el sábado 14 de agosto de 1660. Sobrevivió ocho días a Diego, ocho días en los se fue despidiendo de él de forma tranquila, recorriendo cada rincón del hogar, descubriendo obras olvidadas, releyendo cartas enviadas desde Italia, frecuentes en el primer viaje, escasas en el segundo. Finalmente, se echó a dormir y ya no volvió a despertar.

***

Ocho días antes

—Creía en la eternidad, Diego, creía que atravesaríamos siglos y épocas y escribiríamos la historia todavía no escrita. Te veía siempre tan seguro, tan capaz, tan invencible. Superabas cualquier obstáculo, cualquier prueba, cualquier reto. ¿Acaso la muerte no es un reto? Te ha vencido llegando casi de improviso, no se ha dejado ver para poder atacar a traición y sin piedad. No pudiste dejar de viajar al norte a levantar ese pabellón en aquella isla, de todo te encargabas, todo lo debías supervisar.

»Pero nunca dudabas, desfallecías o mostrabas algún signo de debilidad, y mírate, ahí, con los ojos cerrados. Cualquiera diría: "El maestro descansa plácidamente, es mucha la responsabilidad y la responsabilidad agota". El maestro ha muerto, gloria a su legado, exhortarán todos al conocer la noticia, pero ¿y yo? Nadie se acordará de mí, ni ahora ni en el futuro. Solo hay un hueco en la historia, y lleva tu nombre. Yo seré siempre Juana, la mujer de Velázquez, la hija de Pacheco. Cuando pase el tiempo y hablen de ti, nadie hablará de mí, me cubrirá el velo del olvido.

»La inmortalidad no existe; la mayor prueba eres tú, Diego. Eres de carne y hueso, como cualquier ser.

»Te he amado mucho, más quizá que a mi propia vida. Ahora ya no, claro, ya no nos queríamos; quedaba el respeto, la admiración, el pasado maravilloso, nuestra hija y los trabajos compartidos, pero ya no había amor, o ese amor también inmortal de los primeros años. ¿Recuerdas cuando te expresé mi miedo a los cambios, a venir a la corte, a prosperar demasiado? Yo hubiese permanecido toda la vida en aquel rincón de nuestra existencia lleno de incertidumbre y duda, donde sin embargo era feliz.

»No estoy reprochándote nada, sería muy injusto. Solo manifiesto aquello guardado durante años en mis pensamientos, aunque los conocías, como yo los tuyos. En ocasiones no hace falta decirse nada, todo se sabe. Son muchos días con sus noches y muchos desvelos en algunas de ellas.

¿Sabes lo más doloroso, Diego, cuál es mi mayor pena? Nadie te conoce ni sabe de verdad quién es Velázquez. Has creado a tu alrededor una barrera infranqueable que ha alejado a muchos de ti. Respeto, sí; temor, quizá; cariño, poco.

»Yo también me muero, me llevo muriendo varios meses, en silencio. No quería llamar la atención ni distraerte de tus ocupaciones, que siempre han estado por encima de todo y de todos. Unas veces era el rey, otras el conde, otras las infantas. Siempre había algo o alguien ocupando tu tiempo. Pero ¿sabes? Yo también me muero, aunque no te dieses cuenta; será hoy o mañana, o dentro de una semana, pero pronto me reuniré contigo.

Llegados a este punto, pensaba en haber podido escribir una escena en la que Juana se despide de él mirando su retrato. Sería el final perfecto y soñado. Algo así:

—¿Te acuerdas de este retrato? Apenas éramos unos niños y podíamos pasar las horas contemplándonos, y lloro emocionada por lo que un día tuvimos, fuimos. Con mirarnos nos bastaba. Me puse ese collar de mi madre y esa blusa casi transparente. Verlo me hace revivir el instante, volver a pisar un terreno feliz marcado por la incertidumbre de lo venidero. Prefería los tiempos inciertos, pueden parecer más ásperos e incómodos, pero ayudan a crecer y a tomar decisiones. En la adversidad, nosotros éramos mejores, mirábamos hacia adelante con descaro y osadía, tú sobre todo.

»"¿Cómo se mira sin mirar?", te pregunté. "Mirándome a mí como si yo no supiera que me miras, mirándome jugando a esquivar la mirada, mirándome casi sin querer", me respondiste. Y así pasamos aquel día, a ti te servía para soltar la mano, para coger destreza, para trabajar los ojos, los pómulos, el cabello, por eso me pediste un peinado recargado. A ti te servía para eso y a mí para estar contigo más tiempo a solas. Cuando me lo enseñaste, me ruboricé, y aprovechaste para añadir un tono rosáceo a las mejillas pintadas. Me ruboricé porque la muchacha de la tela dejaba al descubierto sus sentimientos de una forma evidente, no podía ocultar el amor que te profesaba. Me quedaré con este cuadro, no lo someteré a inventario y lo regalaré a quien convenga y sepa conservar. Siempre he afirmado, creo que compartirás esta creencia, que un buen retrato es el mejor de los desnudos, lo hiciste con el papa en ese maldito viaje a Roma, lo hiciste con ella y lo hiciste conmigo. Me muero, Diego, y casi nada queda de aquella mirada.

Obviamente no es lo mismo escribir un final sabiendo su inconsistencia, pero era el imaginado en mi mente desde el principio de la historia, cuando la remota posibilidad de que fuera Juana era mucho más factible.

Ahora se me acaban los argumentos, pero sigue habiendo un cuadro sin autoría necesitado de mi atención.

28

Caballos blancos

La tarde era calurosa en Madrid y atravesar la explanada de la catedral de la Almudena, un pequeño suplicio. Hice tiempo repasando las notas sobre la charla que tenía en pocos minutos en la Galería de las Colecciones Reales. Aproveché una de las sombras proyectadas por la fachada norte del templo, tan denostado y maltratado por historiadores y profanos. Neoclásica, neogótica, neorrománica, una amalgama de estilos carentes de personalidad. Enfrente, el Palacio Real otra vez, y yo volviendo a pensar en cómo es posible que alguien se llevara aquella cabeza de dama. Con mi cigarrillo de plástico en la boca —dejar de fumar en pleno proceso de investigación no es lo más aconsejable—, meditaba sobre las nuevas tecnologías y los museos, tema central de la ponencia que iba a moderar.

Al entrar nos pasaron a una sala contigua al salón de actos, donde charlamos sobre TikTok, redes y realidad inmersiva, y apareció el nombre de Velázquez. Es curioso, en casi cualquier conversación de arte, su nombre termina brotando, no es una obsesión mía, que también pudiera ser, simplemente sucede. Si se empieza a charlar sobre cuadros o arte, lo más probable es que se desemboque en *Las meninas*; esa es su gran victoria. No es el Bosco, Goya o Rembrandt, ni siquiera Leonardo. En España es Velázquez el lugar donde confluyen los gustos; sepas o no sepas de arte, conoces su obra.

En aquella mesa estaba un experto en arte con mucho éxito en redes, un gran divulgador, autor del libro *Otra historia del art*e, que tiene el subtítulo tan llamativo: *No pasa nada si no te gustan Las meninas*, y que participó también en el documental *Velázquez, el poder y el arte.* Y él verbalizó algo tantas veces sospechado, pero que en mi fuero interno tendía a rechazar o al menos no abordar, como si pasándolo por alto no fuese necesario afrontarlo. Al fin y al cabo, soy yo el que decide adónde quiero ir, y ese destino no estaba entre los elegidos. Paolo Sorrentino me dijo hace tiempo en un Festival de Cannes que «El tiempo enfría el dolor». Esa frase yo la amoldé a mis circunstancias: «El tiempo lo enfría todo». Si dejaba pasar el tiempo, no era necesario enfrentarme a la antipatía que podía provocarme mi protagonista. Hasta entonces me había negado, no quería que me cayera mal.

—Es curioso, pero Velázquez debía de ser muy antipático, muy áspero, muy suyo —me dijo el divulgador al poco de empezar a charlar de manera distendida.

—Sí, bueno, pero no hay pruebas —empecé a argumentar, contrariado, como si hubiesen faltado al respeto a un ser querido—. Quiero decir que de Velázquez se conoce poco, no hay documentación sobre su vida, sobre su forma de ser, su manera de pensar, solo su obra, sus cuadros —continué exponiendo.

—Es cierto, es uno de los grandes desconocidos de la historia del arte, pero los indicios apuntan a un tipo poco simpático y bastante ambicioso —insistió él.

—Eso es verdad. No nos ha llegado una sola anécdota en su biografía que podamos decir que sea «graciosa» o «humana» —tuve que admitir.

—Nada, él se encargó de levantar un velo muy tupido sobre su yo más íntimo —señaló mi interlocutor.

—Por eso —continué mi defensa— es lícito escribir sobre su figura en ambos sentidos: puedes definirlo como un tipo antipático y no mentirías, pero puedes recuperarlo en el sentido contrario y nadie podría acusarte tampoco de mentir.

—Ah, eso sí, al no haber pruebas, puedes moldearlo al gusto —concedió él—. Pero mi intuición es la de que era un tipo bastante poco *friendly*. —No parecía dispuesto a dar su brazo a torcer.

Joder, a estas alturas, la teoría de un Velázquez antipático empezaba a cobrar forma. Además, en todo lo escrito sobre él hasta ahora tampoco se muestra a un artista con el que empatices del todo, y quizá ese sea un problema; necesitamos héroes o personas «agradables» al frente de las historias, nadie quiere acompañar a un tipo arisco durante doscientas o trescientas páginas. No me había planteado ese problema en serio, y ya era tarde para hacerlo. Mi protagonista tiene algo que está por encima del carácter: su obra. Velázquez nos cae bien por haber hecho *Las meninas*, *Las hilanderas* o *Los borra-*

chos o la *Vieja friendo huevos*. La historia termina recordando la obra y ocultando otras carencias, al menos si hablamos de artistas de épocas poco documentadas. El legado de Velázquez está muy por encima de su personalidad.

—Un trepa sí que era —apuntó otro de los ponentes mientras nos colocaban los micrófonos de diadema en la oreja.

—Sí, sí, tiene pinta. Se sabía mover bien —rematé, sin ánimo de abrir esa vía de la conversación. Ya era suficiente. No podía empezar a enemistarme con el hombre con el que había convivido tanto tiempo. Cerré unos segundos los ojos y vi la mirada de algunos personajes de sus cuadros, incluida la joven dama de Prosper, y pensé en que si alguien era capaz de retratar esas miradas llenas de ternura y te pintaba igual sin importar que fueras bufón o rey, muy mal tío no podía ser.

La charla fue bien. Al terminar, le pedí a la encargada de comunicación si podía quedarme un rato en la galería.

—Claro, aún falta una hora para el cierre.

Me fui a ver «el caballo blanco», al que yo siempre me refería como «el caballo sin jinete». Tiempo antes de que se inaugurara la Galería de las Colecciones Reales, pude asistir al traslado de ese cuadro desde el Palacio Real. Era una imagen tremendamente poética ver moverse a ese equino blanco con espuma en la boca, guiado por operarios que intentaban que estuviese tranquilo y no se desbocara. Alguien tuvo, hace mucho tiempo, la peregrina idea de pintarle al animal un jinete, un «Santiago», eliminado, por fortuna, a mediados del siglo XX.

Es, con toda seguridad, una de las obras velazqueñas más misteriosas. Atribuida a él a mediados del siglo XX, gracias, entre otras pruebas, al inventario realizado, justo después de la muerte del artista y de Juana, por el grefier Gaspar de Fuensalida y su yerno Juan Bautista Martínez del Mazo, que convenientemente apuntaron: «Otro lienzo grande, con vn cauallo blanco, sin figura».

Casi seguro que lo pintó para tener un equino preparado y ensillarlo si llegaba un encargo.

***

El inventario donde aparece el caballo, un retrato de niña y otras obras está disponible y al alcance de un clic. En él he pasado horas y horas, y a él vuelvo periodísticamente, perdón —maldito y acertado corrector—, periódicamente, buscando alguna referencia a un retrato de joven con collar de perlas. Fue el primer sitio adonde acudí con la ilusión de encontrar allí la prueba del cuadro de Prosper. Tanto si era Juana como si era su hija, tenía sentido que lo conservaran ellos, lo guardaran con ese afecto que se tiene a lo más íntimo.

Al entrar en ese inventario, compuesto por ochocientos siete objetos, desde las once sillas que lo abren a las dos cucharas de plata del final, leído de arriba abajo y de abajo arriba, uno de mis divertimentos es buscar por palabras clave, por si se me ha escapado algo.

Control + F: «retrato». Enter.

[177] otro retrato de vna niña.

[178] otro retrato de Don Luis de Góngora.

[179] otro retrato de media cara de vn borrión.

[472] más vn Retrato del Papa Ynocencio déçimo.

[707] Vn Retrato de Santa Theressa.

[708] Vn Retrato de Diego de Belázquez, por acauar el bestido.

[733] Vn retrato del Príncipe, que esté en el çielo, con su moldura dorada.

[736] Vn retrato pequeño de vn hombre biejo.

[738] Otro retrato de vn estudiante.

Por cierto, la entrada 735, justo encima del retrato del hombre viejo, es «Vna benus tendida, de Belázquez de dos baras».

¿Fue capaz de conservar en el hogar familiar, bajo el mismo techo donde vivía Juana, un retrato de su supuesta amante? Por suerte y con otra búsqueda simple, compruebo que la *Venus del espejo* no puede ser esa *Venus tendida*, porque esta aparece en un inventario anterior, de 1651, del marqués del Carpio. Reconozco que después de acercarme a la figura de Juana, me habría sentado mal si el pintor hubiese conservado en casa un supuesto cuadro con su amante desnuda.

Cuando salí de la Galería de las Colecciones Reales, el calor seguía sin dar tregua, una sensación todavía mayor sobre la enorme explanada que la separa de la calle, convirtiéndola en una especie de travesía del desierto interminable. Iba con el pensamiento todavía algo confuso y empecé a valorar la posibilidad de que Velázquez no me cayera bien.

Sorrentino también me dijo en aquella entrevista que cuantas más respuestas tienes, más cercano estás de la duda. Yo era, desde el remoto correo de Santi, un tipo lleno de interrogantes.

29

Escribiendo a la dama

A los editores no suele gustarles mucho que se les nombre en los libros, tampoco que se escriba sobre el mundillo o cómo se fraguan determinados libros. Yo suelo hacerlo. Vayan mis disculpas por adelantado.

Había quedado ya con el director de la editorial, más de dos años después de ese correo electrónico, antes del verano, a tomar un café en un bar cercano a casa para hablar del futuro. El futuro en este sector es a dos años vista, no hay casi presente si no tienes novedad en el mercado, y el pasado es un tiempo quizá feliz, si se vendieron ejemplares del anterior libro, pero efímero y escurridizo. Es un sector planificador por naturaleza, tienen la capacidad de hacer reuniones para estudiar proyectos que verán la luz tres años después, por eso les temo y rehúyo reunirme más de lo necesario. Vivo acostumbrado a tener listo un reportaje para las nueve de la noche; ese es para mí el futuro, no tres años. Hacer algo para el futuro es hacerlo para mañana, pasado a lo sumo. Admiraba su paciencia. Conozco bien al director, sabe guiar la conversación al lugar exacto donde detrás solo queda el vacío, es decir, la confesión.

Me tiré el café caliente encima y empecé a hablar del mail que me habían enviado y que siempre venía a mi memoria cuando recibía su llamada. Seguía sin tener claro si era una buena idea, un buen tema; todavía hoy sigo sin tenerlas todas conmigo.

Vi cómo le cambiaba la cara, no le aburría lo que contaba, pedía ver fotos e imaginaba historias buenísimas que ojalá se hicieran realidad. Curiosamente, durante ese café, no logré abrir el adjunto número uno, el de la joven. Se lo mandé más tarde por WhatsApp, acompañado de una foto de la *Sibila*, conservada en el Museo del Prado, de la que siempre se ha dicho que fue su mujer la modelo.

—Pero no es un Velázquez, estoy casi seguro —le dije—. Llevo tiempo con el tema. No puedo ofrecerte más que la historia de un fracaso.

—Espera, espera —me interrumpió—. Desarrolla esa idea. El fracaso es una de las cosas más literarias que existen.

Sonreí, no podía estar más de acuerdo.

Unos meses después

30

El principio: la sesión de fotos

¿Cuándo se pone fin a una historia, a una obsesión, a algo que te ha acompañado durante largos meses y te ha hecho cambiar tu día a día? ¿Hasta dónde llega uno escribiendo siendo consciente de que no llegará a ninguna certeza? He ido en paralelo sobre dos épocas a las que separan siglos y en ambos caminos he encontrado las mismas limitaciones. De Velázquez y su vida privada, como he dejado dicho ya, apenas hay documentos. Aun así, mi cabeza ha intentado reproducir lo que pudo ser sin saber si de verdad fue, algo se debe aproximar a la realidad lo escrito. No hace falta ser muy perspicaz para reproducir la historia de amor de dos jóvenes que coinciden bajo el mismo techo y con las mismas inquietude, y cuya historia termina en boda. Es casi más desconcertante el presente y la poco ortodoxa investigación sobre el cuadro. Un aficionado al arte con más conocimientos que muchos eruditos afirmando tener una obra maestra, barones del siglo XXI que no contestan a interrogantes del pasado, expertos de diferentes partes del mundo intentando arrojar luz, callejones sin aparente salida en los que de repente se abre un puerta. He transitado casi todos los estados de ánimo posibles en esta historia, he ido de la euforia a la decepción con parada en la incredulidad y la incertidumbre. He buscado respuestas y cada una de ellas me ha llevado a nuevas dudas. En el fondo de eso estaba el cariño creciente a una obra de arte huérfana de casi todo, condenada a no pasar a la historia por no tener historia. No era una tragedia, hay decenas de miles de pinturas destinadas a la intrascendencia, y tampoco es un mal sitio para estar. Damos demasiada importancia a la relevancia cuando esa relevancia, además, no depende tanto de los logros de uno, sino de haber tenido un golpe de suerte en un momento determinado. Eso buscaba Prosper, un último intento por forzar un golpe de suerte cuando en sí misma su intención, loable, era un oxímoron. A la suerte no puedes forzarla, llega o no llega. La tuvo, seguro que sin buscarla, el Degas aquel vendido en *Todocolección*; la tuvo el Caravaggio de reciente descubrimiento; el Velázquez del cabecero de la cama en Sevilla. Pero no parecía que iba a tenerla la dama desconocida de un cuadro desconocido de un autor desconocido comprado por un desconocido.

Buscar la suerte, en ocasiones, te nubla un poco la razón. Me sentí algo traicionado aquella mañana durante un viaje de vuelta en tren a Madrid al recibir la llamada de una colega periodista.

—Hola, Carlos, mira, perdona que te moleste, me ha dado tu teléfono Santi. Me lo pasó después de mucho insistirle.

—Ah, hola, sí, sí, Santi. Dime.

—Durante una inauguración de una exposición de fotografía de un amigo conocí a Prosper —empezó a contarme—. Me llamó la atención una imagen suya posando con un cuadro de una dama antigua. Mi amigo me lo presentó y estuvo contándome su vida y la historia de ese cuadro con el que posaba. Le pedí ir a verlo unos días después para poder escucharle con más detalle. Me cautivaron sus vivencias y ese amor al arte, la pasión mostrada por esa obra. En ese momento me dije: «Aquí hay un libro». Empezamos a tener reuniones, y en la quinta salió tu nombre. No me lo había dicho antes porque creía en la convivencia de ambos proyectos. Lo mío iba a ser un libro de no ficción y, según él, lo tuyo era algo de ficción, más artístico. Yo me centraba en su biografía y en la trazabilidad de la obra. Llevo escritas unas cincuenta páginas, pero hoy, cuando iba a continuar, he tenido el pálpito. ¿Y si él está haciendo lo mismo?

—Te agradezco mucho la llamada —respondí—. Me escribió ayer Santi para avisarme, aunque fue algo críptico. Vaya casualidad o vaya faena. Pues me temo que se parece un poco. Yo divido la historia en dos partes. Por un lado, el pasado y la posible biografía de Velázquez, y, por otro, el presente con Prosper y el cuadro, llegando a fundirse ambas en algún punto. Y sí, es ficción, pero es una ficción bastante basada en hechos reales.

Charlamos un rato más y quedamos en seguir en contacto para que nuestros trabajos no se solaparan. Por mucho que la sintiera mía, yo no tenía el monopolio de la historia de la supuesta Juana. Cuando colgué, me quedó un regusto amargo.

Tras hablar con ella me vino a la cabeza la figura de Enric Marco. Me impresionó mucho en su día *El impostor*, el libro de Javier Cercas sobre su figura, y tuve la oportunidad de ver, hacía poco tiempo, en la Mostra de Venecia, la excelente película titulada *Marco*, de Jon Garaño y Aitor Arregui. Tenía fresco al personaje en la memoria. Imagino que conocen su historia. Marco fue un tipo que se inventó una vida y, entre otras cosas, haber podido regresar de un campo de exterminio. Llegó a ser el presidente de la Asociación Amical de Mauthausen, que aglutina a los supervivientes de este campo (y de otros), impartía conferencias, daba charlas y tenía una enorme facilidad para encandilar a todo el que se acercaba. En uno de los encuentros con los directores, me contaron que, después de ir detrás de la historia durante mucho tiempo e incluso empezar a rodar con Marco, comprobaron que este les estaba engañando o al menos siendo infiel con otros, y rodando un documental diferente en paralelo. Al final, sus caminos terminaron encontrándose, aunque la sombra del engaño siempre estuvo planeando. No es comparable, ni el personaje ni la historia, pero el temor a ver a la dama desconocida en otro proyecto me acompañó ya en todo momento y no habría nada por lo que culpabilizar a Prosper; él buscaba lo mejor para su criatura, la mayor notoriedad, el camino más corto hacia la luz. Ya no era un chaval, su salud parecía algo delicada y tampoco iba a estar esperándome toda la vida. Se trataba de tener una segunda opción. La ficción para mí, la no ficción para ella. No quise decirle nada, yo no era nadie para reprocharle ese intento; yo, en su situación, quizá también hubiese actuado de esa manera. Hay que tener en cuenta una cosa, desde el primer mail a la llamada de mi colega habían pasado muchos meses. Durante ese tiempo, yo había sido bastante opaco; ni a Santi ni a Prosper les hice partícipes de casi ningún avance y mucho menos de los retrocesos. Iban a ciegas. Así que me parecía una faena razonable su intento por abrir nuevas posibilidades.

***

Durante mi primera visita al despacho de extranjería de Prosper, pude realizar alguna fotografía de la obra. No eran muy allá, la verdad, excepto las de detalle: ojos, perlas, labios. Albergaba la esperanza de que sirvieran para una futura posible portada, pero resultaron no tener la calidad necesaria. Lógico, por otra parte; recuerdo que, al hacerlas, me dio la sensación de estar robándolas, estaba demasiado metido en mi papel de investigador o descubridor entonces y las realicé a escondidas. Decidimos montar una sesión más profesional haciéndola coincidir con la entrega del Premio Planeta al que estaba invitado. En esa fecha, los trenes con dirección a Barcelona desde Madrid suelen ir cargados de autores, editores, agentes de prensa y rumores. Ese día de octubre yo andaba bastante despistado y no había conectado todavía mi radar periodístico intentando averiguar el ganador. Mi preocupación era encontrar a Prosper en su despacho, poder ver el cuadro de nuevo y llevar a buen puerto la sesión.

En la cafetería del tren coincidí con un académico de la lengua, experto en el diccionario. Todavía no sé cómo, quizá lo induje yo, pero entre bromas y cotilleos de los plenos de la academia (eso daría para varias novelas), llegamos al término «velazqueño» o «velazqueña», incluido, al parecer, en 1970, y charlamos sobre las razones objetivas para la inclusión de un término o palabra, que no son otras que la costumbre y el uso. Podríamos debatir largo y tendido sobre eso y sobre la prolongada espera de muchos vocablos, ampliamente utilizados, para recibir el marchamo «legal», pero la cafetería de un tren, donde mantener el equilibrio es ya una proeza, no parecía el mejor lugar.

Pero sí maté el tiempo del resto del viaje buscando en la web de la academia artistas capaces de tener un adjetivo propio. Picasso y picassiano, Goya y goyesco. En otros ámbitos sí conozco y he utilizado mucho el berlanguiano, por Luis García Berlanga, y, aunque no exista, el *almodovariano*, por Almodóvar, que seguro terminará formando parte del diccionario. Me asombré al comprobar que está incluido rubeniano, por Rubén Darío, adonde llegué buscando el rubensiano, por Rubens. Tuve una pequeña decepción al no arrojar resultados la búsqueda de *caravallesco* o *caravaggiesco*, cuando hay sombras y tipos de iluminación tan de Caravaggio. La cuestión, trivial quizá, tenía su importancia para mí y para nuestra dama, tan velazqueña ella, al menos a mis ojos, ya secuestrados emocionalmente. Velazqueño es el cielo de Madrid y el aire de algunas obras que, sin ser del genio, beben de su influencia. Sin embargo, no es una palabra muy utilizada; podemos pasar días o meses sin decir «velazqueño», no en mi caso, claro.

Al llegar a Barcelona, fuimos sin demora a visitar el cuadro. En el portal aguardaban dos fotógrafas para llevar a cabo la sesión. Me acompañaba Pedro, el jefe de prensa de la editorial. Reconozco que estaba ligeramente nervioso. Hasta ese momento, solo yo, de mi círculo, había visto la obra en directo, y solo yo conocía a los personajes reales convertidos en personajes de la novela. Advertí a todos de la falta de épica tanto del lugar como de dichos personajes. Acostumbrado a fotos promocionales en grandes museos, esto era justo lo contrario.

Prosper llegó tarde, apoyado en un bastón y con menos movilidad que hacía unos meses; estrechó la mano de todos. Llevaba barba de un par de semanas como mínimo.

—Prosper, te has dejado barba —le dije tras los preceptivos saludos.

—Bueno, no he tenido tiempo de afeitarme —respondió alguien con todo el tiempo del mundo.

Traía un maletín sin nada aparentemente importante y un manojo de llaves. Al entrar en el edificio, reparé en un cartel luminoso donde se anunciaban las diferentes ocupaciones de los despachos, que habían ido cambiando a lo largo del tiempo. Juana, o la supuesta Juana, o mejor nuestra dama, era vecina de Carmen Alisea, experta en micropigmentación y estética; de Luz Soler, procuradora; de Laidear Johnson y sus terapias alternativas; y de un par de agencias de representación cinematográficas con, intuí, muy poco volumen de negocio.

Prosper introdujo, tras varios intentos fallidos, la llave en la cerradura, apoyó el maletín en el suelo y con la mano palpó la pared hasta encontrar el interruptor. Las bombillas halógenas prendieron de forma intermitente creando una especie de ridículo suspense. En cada destello aparecía y desaparecía la obra, apoyada en su rudimentario caballete y situada justo en la entrada. Cuando por fin se hizo la claridad, todos nos quedamos en silencio, incluida ella.

Las fotógrafas empezaron a montar las luces y sacaron una especie de paraguas grande a modo de foco; el despliegue de medios contrastaba con la pobreza del lugar. Contemplé la escena durante un minuto con una sonrisa; la obra merecía un día así, merecía imágenes de calidad, merecía la atención y el mimo que estaban poniendo Susana y Eva. La trataban como si fuese lo que Prosper defendía, y observándole sentado, cansado y casi resignado, comprobé cómo a su cara asomaba algo parecido a la felicidad.

Al poco, al jefe de prensa se le ocurrió entablar conversación con Prosper, que pronunció esa frase tan extraña como contradictoria, ya escuchada con anterioridad, pero no por ello menos sorprendente.

—A mí, Velázquez no me gusta mucho, no me entusiasma. Es frío, distante, demasiado cumplidor, no hay lugar al sentimiento. Por eso este cuadro me atrapó, es de los pocos donde hay corazón, cariño; claro, es su amada.

—Pero, Prosper —intercedí—, Velázquez es uno de los más grandes.

—Prefiero a Cano, a Alonso Cano, su fiel amigo, el hombre que testificó después de muerto sobre sus orígenes para recibir la Cruz de la Orden de Santiago.

Empezó a contar de nuevo teorías y anécdotas, remontándose al momento de la compra. Yo ya conocía la historia. Todos escuchaban encandilados, el hechizo volvía a surtir efecto.

Epílogo

Hay un momento en el proceso editorial de relajada intranquilidad para el autor. Suele durar un par de meses, los que transcurren desde la entrega del manuscrito del libro hasta su publicación. Es una época corta pero feliz, aunque llena de inquietud. De repente tienes más tiempo libre y tu cabeza, poco a poco, se vacía de información y de obsesiones. Nada perturba la paz en periodo de entreguerras. Bueno, casi nada.

En mi barrio se organizan, cada cierto tiempo, encuentros vecinales destinados a mejorar la convivencia y compartir unas horas entre gente normalmente tan ocupada que, pese a vivir casi pared con pared, no pasa de un hola y adiós al cruzarse por la calle. Se aprovecha para poder limar las posibles asperezas surgidas con el transcurso de los años, o para estrechar lazos, si hay lazos por estrechar. Suelen ausentarse los vecinos más conflictivos, posibilitando una jornada bastante agradable. Se cocina una paella gigante, se improvisa un concierto con karaoke y se bebe y come bastante. En este tipo de celebraciones, nunca dejo de asombrarme de lo realmente buena que es determinada gente organizando este tipo de encuentros. Profesionales de la contabilidad, del reparto y con poder de convocatoria, capaces de manejar con soltura una barbacoa y construir un escenario improvisado y jugar una pachanga de fútbol interminable... Todo el mismo día y sin apenas cansarse.

A medida que pasaba la tarde, la fiesta perdía efectivos, la tropa mermaba por el sueño de los más pequeños o el exceso de alcohol de los mayores. Había ido de un corrillo a otro, entre salchicha y salchicha, conociendo las últimas compras de viviendas de la zona, la necesidad de pedir mayor iluminación en algunas calles y el intolerable ruido nocturno, para algunos, provocado por chavales que se sientan en las aceras tratando de crecer para emigrar a lugares más chic. Pero el tema estrella en cada uno de esos corrillos eran los pavos reales. Sí, vivo en un barrio donde los pavos reales campan a sus anchas, van de un lado a otro, cruzan calles a lo loco y procrean sin parar. Uno de los vecinos era experto en el tema; gracias a él, sé distinguir un ronroneo o cacareo de un gluglú. El gluglú es el sonido emitido por los pavos machos durante la época de apareamiento, puede llegar a ser ensordecedor y desvelarte a las siete de la mañana el único domingo en el que podías dormir a pierna suelta. El grupo se dividió entre los de «pavos sí» y los de »pavos no», y en el caso de «pavos sí», buscar soluciones para poder convivir con ellos.

Me acerqué al último grupo que me faltaba por saludar y en este la conversación giró radicalmente.

—Carlos, mira, estábamos hablando de ti; tienes que escribir un libro con la historia de Klaus. —Era Jaime, uno de mis vecinos más próximos, el que se dirigía a mí.

—Hola, ¿cómo estáis? —dije, y de inmediato pregunté—: Klaus... ¿Quién es Klaus?

—Sí, hombre, lo has visto alguna vez. Ya no vive aquí, se separó, pero de vez en cuando se deja caer. Sabe mucho de arte, un estudioso, colecciona cuadros y tiene un historión de esos de película o de novela. ¿Tú estás escribiendo algo ahora? —se interesó.

Casi al instante, caí en la cuenta de quién era Klaus, un tipo amabilísimo y, efectivamente, muy culto. En nuestros fugaces encuentros, me hablaba de *Emocionarte* y *Retratarte* con mucho cariño y detalles de buen lector. Conversábamos siempre a la carrera y, en un par de ocasiones, es cierto, me advirtió de que tenía una historia entre manos con un cuadro, pero que todavía no podía contármela, «por no poner en peligro la operación». Nunca tiré mucho de ese hilo.

—No, bueno, sí, algo estoy escribiendo —contesté vagamente.

—¿Sobre arte? —insistió Jaime.

—Eso es —afirmé escuetamente. Tampoco quería entrar en detalles.

—Pues si no has avanzado mucho, escribe la historia de Klaus; te va a gustar.

—Ja, ja, igual ya es tarde, pero nunca está de más conocer historias, avánzame algo —le pedí.

—Vale, pero cuando puedas, habla con él. Yo ahora puedo contarte algo, porque el cuadro está ya fuera.

—¿Fuera? —me sorprendí.

—Fuera de España, lo llevaron en coche a Suiza. Es una obra de Rafael.

—¿Rafael, Rafael? —pregunté, incrédulo.

—Sí, sí, Rafael Sanzio —me confirmó—. Puede costar unos treinta millones de euros. Hace unos años se subastó un cuadro suyo; además, tiene el valor sentimental o romántico, según Klaus, al ser una nueva versión de *La Fornarina*. Lo tenía un coleccionista que lo compró en su momento por trescientos euros, imagínate.

—Imagino, imagino —repliqué, no sin cierta suspicacia—, hay bastantes historias de ese tipo. Klaus parece un tipo cabal, no dado a mucha fantasía.

—No, Carlos, fantasía ninguna. El cuadro es de un amigo suyo, era propiedad de algún antepasado guardado en una casa, y Klaus le está ayudando a valorarlo y, si todo sale bien, venderlo.

—Pero ¿lo tiene autentificado? —quise saber. La duda ya se había instalado en mi mente—. Algo de eso he aprendido, y es muy difícil conseguir hoy en día un «sello» de calidad, por llamarlo de alguna manera, una voz autorizada con la valentía para mojarse en el asunto. Los expertos suelen apostar sobre seguro, no se la juegan. Una mala atribución les puede dejar fuera del tablero.

—¿Sabes lo que pasó? —siguió relatando mi vecino—. Verás, él tiene muchos contactos aquí y allá, y hace años, al parecer, forjó amistad con el conservador jefe de los Museos Vaticanos. En esos museos hay como cuatro habitaciones pintadas enteras por Rafael, eso me contó, vamos, y son impresionantes; si las buscas en internet, lo podrás comprobar. Rafael las pintó joven.

—Sí; en realidad, Rafael lo pintó todo joven, porque murió a los treinta y siete años.

—Eso es, me lo contó.

—Velázquez se quedó también impresionado al verlas y estuvo pintando allí —apostillé, aunque no venía mucho a cuento ese apunte, pero durante los últimos meses, como habrán comprobado, yo relacionaba cualquier cosa con Velázquez.

—Ah, ¿sí? No lo sabía —respondió mi vecino—. El caso es que el conservador jefe o director, no sabría concretar el cargo, le pidió una foto del reverso del cuadro.

—De la trasera, sí —dije de forma automática, y de nuevo mi cabeza fue al despacho de extranjería de Barcelona, al rudimentario caballete donde descansaba la dama desconocida. Recordé que en la primera visita lo giré para ver esa trasera y la desilusión se apoderó de mí. «Al estar reentelado, poca información puede aportar», apuntó entonces Prosper. Fue en esa ocasión cuando vi el siete o roto de la parte de atrás de la obra, propiciado por una torpeza de un conocido al ir a verlo. Menos mal que no afectó a la cara. Parecía un homenaje a Lucio Fontana y su obra.

—Pues el de los Museos Vaticanos le pidió que no se lo enseñara a nadie, y se cogió un avión y vino a verlo.

—¿Y?

—Dijo, sin lugar a dudas, «estar delante de un Rafael».

—¿Y esa seguridad? —me sorprendí.

—Él te lo podrá explicar mejor, pero era importante la madera y el tipo de árbol. Una madera de frutal, me pareció entender. ¿Existe eso? —preguntó Jaime.

—Existe, existe —corroboré.

—No me digas que no es una historia buenísima. Ya imagino el principio del libro, con Klaus y un colega en el coche pasando la frontera, conduciendo toda la noche para guardar el cuadro en Suiza.

Durante unos minutos me sentí un traidor, un escritor infiel con su propia historia. Pensaba en que, de haber conocido un par de años atrás esta trama, quizá habría sido el argumento utilizado para el nuevo libro. Rafael no es Velázquez, eso es así, no tiene su «aura», al menos en España, y me atrevería a decir en el mundo, pero sí parecía un caso más cercano a encontrar un final feliz o mediático, y además con dos protagonistas con mucho tirón: por un lado, Rafael y su muerte prematura (quizá por excesos sexuales) y, por otro, la modelo, su posible amante, que inspiró a artistas como Turner, Dalí o un Picasso que llegó a decir: «Leonardo nos promete el cielo, Rafael nos lo da». Había mimbres.

La conversación fue languideciendo en el grupo, aunque la fiesta continuó e incluso me animé a cantar en el karaoke.

Antes de volver a casa, me acerqué a Jaime para pedirle alguna foto del Rafael.

—Las tengo en casa, le pido permiso a Klaus y, si me lo da, te las envío.

A las dos de la madrugada sonó un pitido en mi móvil; para algunos la fiesta debió de alargarse bastante.

Somnoliento, logré alcanzarlo. Era un mensaje de Jaime: «Aquí tienes las fotos del cuadro».

La mirada borrosa tardó en enfocar las imágenes.

—¡Oh, Dios mío! —exclamé—. No puede ser.

Nota del autor

Al terminar este libro siento algo de orfandad. Me apetece seguir ahondando en la vida de Velázquez, un tipo tan universal como desconocido y esquivo, pero no es al que más añoraré. Echaré más de menos ver y encontrarme con Juana, perdón, con el supuesto retrato de Juana, el retrato de una dama desconocida. La obra probablemente permanezca en el anonimato el resto de sus días o de los días de Prosper y no sé qué pasará cuando él ya no esté. Quizá termine en algún almacén o, con suerte, en un mercadillo de antigüedades o baratijas donde alguien se sienta atraído por la mirada de una joven del siglo XVII y entonces, a lo mejor, empiece otra aventura y al menos pase a colgar de las paredes de un hogar donde la miren con el mismo cariño que Prosper. Los cuadros tienen muchas vidas, todo depende de en las manos de quien caiga.

He cometido el error de mostrar la cubierta de este libro a Santi y Prosper, me temía su respuesta. Les gusta claro, es preciosa, eso es indudable, pero creen que muestra poco a Juana. «Demasiado escondida, no se aprecia su belleza, ni la mirada. ¿Dentro habrá fotografías de la obra completa?», me preguntan. Les respondí sobre el misterio que provoca una imagen así, un cuadro asomándose a través de un lienzo, esa rendija convertida en metáfora de luz y de puerta de entrada a un mundo desconocido dispuesto a ser conquistado. No sirvieron de mucho esas explicaciones, cuando uno pide un retrato de su hijo no quiere experimentos, quiere al niño entero, completo y bien guapo.

Me volvió a escribir Santi a los pocos minutos para decirme si en la contraportada se dejaría claro que la obra existe y no es una invención mía ni se ha recreado con inteligencia artificial. «Eso va a quedar suficientemente claro en la novela, Santi, no habrá problema seguro».

Entre la entrega de un manuscrito y la publicación suele haber un espacio de tiempo suficiente como para mostrar lo escrito a algún lector o lectora «piloto» que da sus primeras impresiones. Tuve la precaución o la cobardía de no mandárselo a Prosper, casi con seguridad no es el libro que él esperaba. Y aun siendo así, quiero reconocerle su pasión, su amor al arte y su actitud casi quijotesca para emprender pequeñas batallas con gigantes; su pasión y la de Santi son, además de conmovedoras, muy contagiosas.

El resto de lectores pilotos han quedado encantados, o eso me dicen.

Para concluir, quiero dar las gracias a todas las instituciones, expertos, historiadores y demás personas que me abrieron sus puertas y aportaron su visión sobre el cuadro. Es un honor compartir conocimiento con eminencias mundiales capaces de «bajar a la tierra» y charlar de manera clara y didáctica, sacrificando su ya de por sí escaso tiempo. Algunos han terminado convertidos en personajes del libro. Seguro que se reconocen; si me leen, mi más sincero agradecimiento.

Como he dejado escrito, Prosper quería un título diferente para la novela. *La novia de Velázquez* era su propuesta; ojalá hubiese podido titularla así, nada me habría hecho más ilusión, pero la dama, de momento, sigue siendo una desconocida, aunque para mí ya tiene el mismo valor, me da igual si es de Velázquez o no, todo dependerá de nuestros ojos. Por eso, si por casualidad se la cruzan, mírenla con cariño, como si fuese una obra maestra, esa será su victoria... y la de Prosper.

Índice